# 怒《いか》れる老人

## あなたにもある
## 老害因子

安藤俊介　一般社団法人日本アンガーマネジメント協会代表理事

産業編集センター

目次

# 1章

# なぜ高齢者は怒りっぽいのか

## ○高齢者は本当に怒りっぽいのか？

「キレる高齢者」「暴走老人」といった言葉をこの何年かでよく聞くようになりました。私もこの2、3年の間、テレビ、新聞、雑誌等から繰り返し、高齢者のキレる問題について取材を受けています。

・電車の中で席を譲ろうとしたら「老人扱いするな！」と怒られた
・優先席に座っている人を怒鳴りつけている高齢者がいる
・コンビニのレジで接客態度が悪いと怒鳴っている高齢者がいる
・町内会の会合では必ず高齢者の誰かが激昂して話が進まない
・バスの中で泣いている子供をあやす母親にキレている高齢者がいる　等々

身近にキレる高齢者がいる、あるいはこうした場面を見たことがあるという人も多いでしょう。

肌感覚として、最近の高齢者は怒りっぽいように感じます。けれど一方で、本当にそうなのだろうか、とも思うのです。

私が子供の頃は近所に怖いおじさんがいて、あの家には近寄ってはいけないといった共通認識を持っていたりしました。私の場合であれば、近所のビニールハウスの持ち主のおじさんが超怖い人で、子供が近くでサッカーをして遊んでいると「ここで遊ぶな！」とよく怒鳴っていました。でもその場所は近所でサッカーするには丁度よく、何度怒られても子供たちは懲りずにそこでのサッカーをやめませんでした。

もはや時効だと思うので告白しますが、そのビニールハウスにサッカーボールで穴を開けてしまい、その穴から猫が入って子猫を産んでしまい大変なことになったのは私達のグループのせいなので、今となっては何も言い返せないのですが……。

いずれにしても私が子供の頃は見ず知らずの人に普通に怒られました。今は高齢者の怒りの問題が話題になりますが、昔のことを思えば、今も昔と大して変わっていないようにも感じます。

果たして、実際のところ高齢者は怒りっぽくなっているのでしょうか。もし怒りっぽくなっていると言うのであれば、何かしらの暴力行為、犯罪として浮かび上がってくると考えられます。

冒頭にこれまで繰り返し高齢者の怒りについて取材を受けてきていると書きましたが、そのきっかけの一つになったのが、鉄道係員に対する暴力行為でした。その加害者として高齢者が増えているという話です。

日本民営鉄道協会が2019年7月8日に発表した「鉄道係員に対する暴力行為の件数・発生状況について」では、平成30年度では630件の暴行行為が発生したことを報告しています。630件は若干減少傾向にはありますが、それでも高い水準を維持していると言えます。

そして加害者を年代別に見てみると、20代以下が14・9％、30代が17・5％、40代が17・1％、50代が19・7％、60代以上が24・6％となっています（＊1）。

国連の世界保険機関（WHO）では65歳以上を高齢者と定義しています。つまり鉄道係

員に対する暴力行為の加害者の約4分の1が高齢者です。そしてそれに続くのが50代です。2つの年代を足せば半数近くになります。社会のお手本になるべき年代の人達が加害者の半数近くを占めるのかと思うと、何とも言えない気持ちになります。

また、令和2年版の警察白書では、第1部の特集として「高齢化の進展と警察活動」が挙げられています（＊2）。なぜこのような特集が組まれたのかと言えば、日本の高齢化率（総人口に占める65歳以上人口の割合）が、令和元年10月1日現在で28・4％と過去最高となり、他の先進諸国と比較しても最も高い水準にあるためとしています。そして、その状況を踏まえて、「高齢者を犯罪・事故から守るための警察の取組」と「高齢者による犯罪・事故への対応と防止に向けた取組」を2大テーマとして取り上げたと説明しています。

高齢者が巻き込まれる犯罪の代表格として挙げられているのが、オレオレ詐欺、架空請求詐欺などの特殊詐欺と呼ばれるものです。最近はやや減少傾向にあるようですが、それでもまだ高い水準を維持しています。

一方で刑法犯検挙人員に占める高齢者の割合は近年増加傾向にあると報告しています。検挙人員総数に占める高齢者の割合は平成元年の2.1％から令和元年の22・0％へと約10倍に増えています。

高齢者の犯罪の主なものは万引き、占有離脱物横領、暴行及び傷害です。中でも暴行については高い増加率を示しているとのことです。ちなみに占有離脱物横領とは、例えば落ちていた財布など他人の財産を無断で持ち帰ってしまうような事柄です。

一般的に言えば、暴行している人は怒りに駆られている状態にあります。怒りに駆られて理性が働いていないからこそ、暴行ができてしまいます。このような統計を見てみると、怒りっぽい高齢者が増えているというのは事実と言えそうです。

その一方で「歳をとると丸くなるもの」ではないのかという疑問もあります。実際に歳

を重ねることで人としての円熟味が増し、少々のことでは気持ちが揺さぶられない穏やかな人になっている人もいます。

歳をとって丸くなったという自覚のある高齢者の人達からは、「歳をとるといちいち争うのが面倒になった」「大体のことは許せるようになった」「血気盛んではなくなった」「いろいろな人がいて今の自分があると感謝するようになった」「物事の分別がつくようになった」といったことが聞かれます。

イギリスのケンブリッジ大学の研究によると、人は歳を重ねることで神経症的性格は低下し感情の処理が上手になり、同時に誠実性と協調性が高まるとしています。そして私達は次第に責任感が増し、敵意が薄れていくとも報告しています（＊3）。

有名な孔子の『論語』にもこうあります。これは人が年齢とともに成長することを語ったものです。

〝子曰はく、「吾、十有五にして学に志す。三十にして立つ。四十にして惑はず。五十にして天命を知る。六十にして耳順ふ。七十にして心の欲する所に従へども、矩を踰えず」と。〟

60歳になればどんなことでも素直に聞けるようになり、70歳になれば自分の思うままに行動しても人の道理を外れなくなるというものです。まあ確かにこれは偉人である孔子の人生を振り返ってのことなので、私達のような一般の人がここまでの境地になるのは難しいのかもしれません。私は現在49歳ですが、40歳の頃はというか今でも人生迷いっぱなしですし、今年50歳になる時に、天から与えられた役割を知れるとは到底思えません。

　私の場合、アンガーマネジメントに取り組んだ理由は、自分がどうしようもなく好戦的で怒りっぽかったことにコンプレックスがあったことが大きいのですが、さすがに長年ア

ンガーマネジメントを続けたことで、大概のことは許せるようになりましたし、人前で声を荒げて怒るようなことは全くなくなりました。今でも怒りを感じることはありますが、私のことを知っている周りの人からすれば、一般的に私は穏やかな人と見えるでしょう。

歳をとることで怒りっぽくなるのも、ならないのも自分で選ぶことができます。そこを分ける差は一体何なのでしょうか。

本書では「高齢者が怒りっぽくなる理由」を知るとともに、自分が歳を重ねていく中で「どうすれば丸く、穏やかになれるのか」を紐解いていきます。どうせ歳をとるなら、歳をとったなりの円熟味を醸し出し、誰からもあの人の歳のとり方っていいねと言われるようになりたいものです。

＊1　https://www.mintetsu.or.jp/association/news/2019/14594.html
＊2　https://www.npa.go.jp/hakusyo/r02/index.html
＊3　https://www.cam.ac.uk/research/news/personality-traits-linked-to-differences-in-brain-structure

# ○高齢者が怒りっぽくなる身体的な理由

高齢者がなぜ怒りっぽいのかと言えば、その理由は大きくは次の3つに分けて考えることができます。

1．身体的な理由
2．社会的な理由
3．個人的な理由

まずは「1．身体的な理由」から見ていきましょう。身体的な理由として外せないのが脳機能の低下です。

怒りの感情は大脳辺縁系で生まれます。大脳辺縁系は脳の中心部にあり、意欲や感情なども司っています。私達が人間たる所以は、理性があるからですが、理性は前頭葉が司っています。理性が働くことで、感情にとらわれることなく理性的な判断や行動ができます。

常に感情に任せて行動していては社会生活を送ることはできません。

ところが、加齢とともに前頭葉の機能が衰えてくることがわかっています。脳が物理的に萎縮することも報告されています。

前頭葉の機能が衰えることで、感情を抑えることが上手くできなくなります。これまでは理性的に判断できていたものが、抑えがきかなくなることによって、感情的になり、暴言を吐いたりしてしまうようになるのです。

そんなこと言ってないぞ！

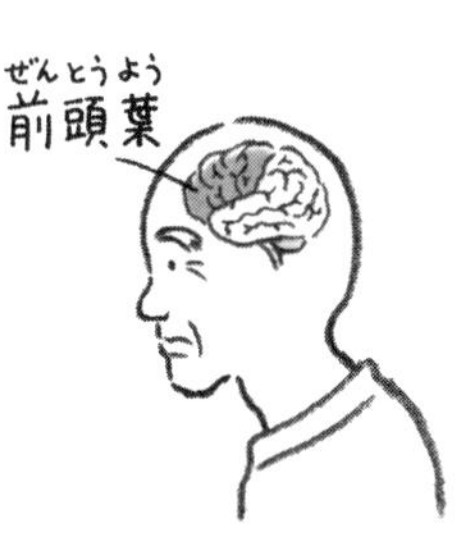
前頭葉《ぜんとうよう》

脳の機能低下は認知機能の低下ももたらします。認知機能とは物事をどう捉えるかに直接関係するものです。情報を受け取って、それを認識し、理解し、それからどう行動するかといったことが含まれます。
認知機能の一つに記憶力があります。加齢とともに記憶力は低下していきますが、記憶力がなくなると物忘れがひどくなります。言われたことを忘れたり、自分が言ったことを忘れたり、今日の予定を忘れたり、誰かに何かしてもらったことを忘れたりします。

例えば、記憶力の低下した高齢者に向かって「前にも言ったじゃない」と言ったとして、相手は覚えていませんから、「そんなことは言われてない！」と怒り返してくることがあっても、ある意味仕方がないとも言えます。また、認知機能は物事を理解する能力に関係しますから、こちらが丁寧に接したつもりでも、親切心から行ったことでも、そうは受け取らない、むしろ悪意があって行っていると捉えられたとしても不思議ではありません。電車の中で親切心から席を譲ろうとしたのに、高齢者扱いするなと怒られた例などは、まさに認知機能の低下から起きた事例かもしれません。

加齢とともに肉体の機能も衰えます。老眼になれば小さな文字が見えづらくなり、見えないことでイライラします。私もご多分に漏れず老眼が少し入ってきましたが、世の中どうしてこんなに小さな文字が多いんだと途方に暮れることがあります。若い時は老眼については全く無理解でした。自分がなってみて、はじめてその不便を実感できるようになりました。これら「体の衰え」については万事がそうですね。耳が聞こえにくくなれ

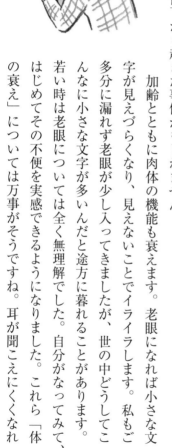

ば、相手が言っていることが聞こえないことにイライラし、自分の声が聞こえなければ自然と話す声は大きくなります。その他の感覚についても万事がこのような感じで衰えます。筋力も衰えますので、歩くのは面倒になりますし、何か一つの作業をするにしても若い時よりも時間も労力もかかるようになります。先に書いたように五感も鈍ってきていますので、何をするにしてもさっさと終わらせることが難しくなります。

レジで会計をしようとしてお金を取り出すのに苦労し、手間取っていることに罪悪感を感じ、罪悪感を誤魔化したいために店員に何か文句を言って気を紛らわせようとすることだってあるでしょう。会計で手間取ることがわかっているのであればキャッシュレスにすればいいと思うのは若者の発想で、そのキャッシュレスにするために理解しなければいけないことが難しかったりします。あるいはキャッシュレスにするために読まなければいけない説明の文字が小さすぎて、読む気さえ起こりません。なぜこんなにわざわざ面倒くさいことをさせるのかと、怒りたくなるのです。

私達はこれまで当たり前にできていたことができなくなると、大きなストレスを感じます。ストレスは怒りに注ぐガソリンのようなものです。ストレスが大きくなれば、怒りの炎はエネルギーを得て大きく燃え上がります（怒りが生まれるメカニズムについては25ページで詳しく解説します）。

肉体的な衰え、その衰えからくる不便さ、またできないことへの不満、ストレスは想像以上に人を怒らせる要因になるのです。

ここまで身体的な衰えから怒りっぽくなると書いてきました。その一方で、矛盾するようですが、今の高齢者が昔の高齢者に比べて元気であることも、怒りっぽさの理由の一つとなっています。気力、体力ともに有り余っているので、必要以上に怒ってしまうところがあるのです。

寿命だけでなく、健康寿命も伸びたことは喜ばしいことですが、健康感情寿命とも言えるような、感情知性の寿命も伸びなければ、社会的にこれまで以上に高齢者問題を抱え続けることになるだろうなと考えています。

## ○高齢者が怒りっぽくなる社会的な理由

次に「2．社会的な理由」を見ていきましょう。キーワードは「裏切り」です。

２０２１年の高齢者は１９５６年（昭和31年）以前生まれの人です。この世代の人が生きてきた時代の特徴を見てみましょう。

日本が一番経済的に伸びたのは１９５４年から１９７３年までの高度経済成長期と言われる期間です。当時の実質経済成長率は10％以上と言われています。経済成長率がプラスになるかならないかでやきもきしている現在とは、比べ物にならない成長率です。

そして忘れてはいけないのがバブル景気です。１９８６年（昭和61年）から１９９１年（平成３年）までを指しています。

２０２１年に65歳（昭和31年生まれ）の人であれば、まさにこれから日本が最も成長するというタイミングで生まれました。75歳（昭和21年生まれ）の人であれば、生まれた時は戦後直後で食べるにも事欠くくらい貧しかったものの、成長とともに豊かさを実感することができるようになった世代です。

そして大人になり働き始めるとバブル景気がやってきます。65歳の人はちょうど30歳。75歳の人は40歳です。社会の担い手の中心としてバリバリに働いていた世代です。

当時、「24時間働けますか?」というキャッチフレーズでエナジードリンクが一世を風靡しました。プライベートを顧みず、企業戦士として働くことが当たり前の時代。そこには働けば働くほど豊かになれる時代背景がありました。

当時の働き方は今では「昭和の働き方」とやや揶揄された言われ方をします。昭和の働き方と言えば、長時間労働、軍隊のような上意下達の組織、パワハラ的発想は当たり前、会社人間でいることが第一で、家族は二の次。

現代にこのような企業があれば、ブラック企業として炎上すること間違いありません。でも当時はそれが日常だったのです。そのことによって成長してきました。会社のために尽くせば、定年までは面倒を見てくれました。若い頃に頑張れば、歳をとってから楽をすることができるという設計が成り立ったのです。

にっじゅー
よっじっかん
たったっかー
えまっすっかっ

その後バブル景気ははじけ、失われた20年と呼ばれる長い停滞がやってきます。庶民の生活的にはその後も停滞はずっと続いていて、すでに30年近く経済がよくならないというのが多くの人の実感です。

本来であれば自分たちがリタイアしたら、バラ色とまでは言わなくても、悠々自適の老後が約束されていたはずでした。その老後が待っているからこそ、若い時に無茶をして頑張ることができたのです。

ところが、いざ自分たちがリタイアしてみると、政府は年金制度は設計ミスだったと公言してはばからず、年金の支給年齢が段階的に引き上げられていきます。

若い世代からは老害、既得権益と呼ばれ、

若い世代が貧しいのは上の世代が悪いからだと突き上げをくらいます。本来であれば、豊かな日本をつくってきた世代として敬われてしかるべきなのに、ジャパンアズナンバーワンの地位を獲得した自分達をなぜか邪魔者扱いします。

会社が家族であり、仲間であったから会社以外に自分の居場所がありません。家族との時間も犠牲にしてきたので、家の中にも居る場所がありません。どこを探しても自分を受け入れてくれる場所がないのです。

日本は今、社会的に大きな曲がり角にきています。これまでの価値観では浮上することができず、過去の価値観と決別して大きく社会を変えようとしています。その一つが「多様化」です。

昭和の日本は良くも悪くも画一的な価値観の下、一致団結して皆で頑張るという時代でした。皆一緒であることに価値があったのです。ところが今は正反対です。多様な価値観でいることに意義を見出していこうと言っているのです。

年功序列は昭和にあった代表的な画一的価値観の一つです。年上を敬い、年下は年長の言うことを聞くのが当たり前でした。ところが、価値観が多様化するということは、必ずしもそうはならないことを意味します。たとえば平成になり生まれた「年下の上司問題」があります。海外では年下が上司であるという状況は、いたって普通のことです。そもそもそれは問題にさえなりません。

今の高齢者が若い頃、無茶を言われても、我慢を強いられても頑張れたのは、未来への期待があったからでした。ところが、その期待は今になりことごとく裏切られていると感じています。「社会で敬われ、大切にされるはずの存在である自分達が邪険に扱われて良いわけがない」という意識です。

歳をとり、人としての円熟味が増せば、利他的になるように思えます。実際、海外の高齢者はボランティア活動や寄付を積極的に行ったり、経済的に裕福な人であれば何かを支援する財団を設立する人も珍しくありません。財団設立は実は節税目的もありますが、それにしても日本ではあまり聞かない話です。

社会に裏切られたという思いが強ければ、どうしてその社会に対して利他的に貢献しようと思えるでしょうか。今の高齢者は「こんなはずではなかった」という思いを強く持っています。それは高齢者には社会が裏切ったと見えているからです。

# ○怒りが生まれる仕組み

「3．個人的な理由」を見る前に、「怒り」という厄介な感情がある理由とその怒りが生まれる仕組みを理解しましょう。

怒りは防衛感情とも呼ばれる感情で、自分の安全や大切にしているものを守るために存在しています。怒りの扱いに悩んでいる人は多く、厄介な感情のようにも思えますが、人であれば誰にも備わっている自然な感情です。

動物にも怒りの感情はあると考えられています。動物にとって怒りの感情は、目の前に迫る脅威から身を守るために使います。例えば、目の前に天敵が現れたとします。すると動物がやらなければいけないことはたった2つです。それは自分の命を守るために、攻撃するか、逃げるかです。この2つの行動をとる時に怒りの感情が深く関係します。

怒りが生まれると、身体から様々なホルモンが放出されます。代表的なものはアドレナリンです。怒りが生まれることで、アドレナリンを放出して身体を臨戦態勢にすることで、目の前にいる天敵へ備えるのです。

私達人間の場合、命に関わるような危険を毎日感じることはなかなかありませんが、それでも自分が大切にしているものが脅威にさらされていると感じることはよくあります。大切にしているものは何かと言えば、価値観、考え方、立場、家族、友達、役割といった、自分が守りたいと思っているものです。

それらが危ない目にあおうとしている、壊されようとしている、或いは否定されようとしていると感じる時、私達は怒りの感情を使って、守ろうとするのです。ここで勘の良い方は気づいたかもしれません。実は怒っている人は防衛のために攻撃をしているのであって、先制攻撃として怒りをぶつけているのではないのです。

とは言え、全く自分の身に覚えのないことで怒られた経験をしたことのある人も多いでしょう。なぜあなたに怒りをぶつけてきたのかは定かではありませんが、少なくとも怒っている相手は、先に誰か、或いは何かに攻撃をされたと感じていたのです。

怒りが生まれる仕組みはライターを模して説明することができます。

ライターの炎を「怒り」だとします。ライターで炎を燃え上がらせるためには、カチッと着火スイッチを押して火花を散らし、その火花にガスを送ることが必要です。

着火スイッチを押して火花が散るのは、自分が大切にしている「〜べき」が裏切られた時です。例えば、「目上の人を敬うべき」と思っている高齢者がいます。その高齢者が年下の人から敬われていないと思えることがあると、怒りの火花が散ります。

この「べき」は、「〜のはず」「普通」「常識」「当たり前」といった言葉にも置き換

えられます。「べき」や「はず」という言葉は、希望、期待、願望、理想、欲求といったものを表しています。簡単に言えば、自分がこうであって欲しいと思っている理想や期待が裏切られる時に怒りの火花が散ります。

「普通」「常識」「当たり前」は文字通り、自分にとっての常識です。自分が理解できないこと、考えられないようなことは普通ではないし、常識でも当たり前でもありません。理解できないようなことがあれば怒りの火花を散らします。「そんなことは常識だろ！」と怒っている人を見ることがよくありますが、その人にとっての常識は得てして他の人の常識ではなかったりします。

高齢者が「こんなはずじゃなかった」「裏切られた」と感じているのは、自分達が常識、当たり前だと思っていたことが、今は変わったと思えるような場面に遭遇する機会が増えているからです。

怒りの火花が散っただけでは、炎として燃え上がることはありません。炎になるにはガスが必要です。そのガスとなるものがマイナス感情やマイナス状態です。

マイナス感情というのは、不安、辛い、苦しい、寂しい、悲しいといった一般的にはネガティブと言われている感情のことです。マイナス状態は、疲れている、睡眠不足、空腹、身体の調子が悪い、ストレスが大きいといった身体的にネガティブな状態のことです。

これらのマイナス感情や状態が大きいと怒りの火花に注ぐガスがたっぷりあるということになるので、怒りの炎は大きく燃え上がります。逆にマイナス感情や状態がない時はガスがあまりない状態なので、怒りの火花が散ったところで、炎として大きく燃え上がることはありません。

あなたもこういう経験をしたことがないでしょうか。自分の「べき」が裏切られイラッと怒りの火花が散ったとしても、スルーできてしまう時があります。逆に普段であればそれほど気にならないようなことでも、どうしてだか強く怒らずにはいられない時がありま す。それはマイナス感情や状態の大きさの違いによるものです。

マイナス感情や状態の大きな時であれば、怒りの炎も大きくなりやすいです。逆にマイナス感情や状態が小さい時であれば、軽くイラッとすることはあっても、激昂するようなことはありません。

## ○無駄に怒らないための方程式

先のライターのモデルから、無駄に怒らないためにはどうすればよいのかがわかります。ライターは次の方程式で表すことができます。

怒りの炎＝「べき」が裏切られる×マイナス感情・状態

怒りの炎は、「べき」が裏切れた時にマイナス感情・状態が掛け合わさることで大きく燃え上がります。ということは、怒りの炎を大きくしないためにできることは次の2つです。

1. 「べき」が裏切られる回数を減らす
2. マイナス感情・状態を減らす

「べき」が裏切られる回数を減らすためには、その「べき」についての基準を緩めることです。

例えば、「時間は守るべき」を大切にしている人がいるとして、10時に待ち合わせをした際、5分前までに来なければ許せないと考えていれば、それは「時間をまもるべき」についてかなり厳しく基準をもっていると言えるでしょう。一方で、まだ大体10時くらいに来ればOKだし、多少遅刻しても許せると考えている人は、「時間は守るべき」の基準が先程の人に比べて緩めと言えます。

人は実に多くの様々な「べき」を持っています。あなたはどのような「べき」を持っているでしょうか。実際に言葉にして使っているものもあれば、言葉にはしていないけれど、実はそう思っているものもあります。

例えば、出かける時に何気なくジャケットを羽織る癖があるとします。それはただの習慣ではなく、心のどこかに出かける時はジャケットを羽織るべきという「べき」が隠れていたりします。自分では気づいていないだけです。

出かける時にジャケットを羽織らない人は世の中にはたくさんいます。ジャケットを着なくても、出かけることに全く抵抗のない人もいます。なぜ自分がそうするかと言えば、自分がそういう「べき」を無意識のうちに持っているからです。

自分が持っている「べき」には必ず基準があります。その基準を緩めることができないかどうか、考えてみるのです。すべての「べき」について基準を緩める必要はありません。なかには緩めたくないものもあるでしょう。それはそのままにしておけばいいのです。

ただ、特に意識もしていないのになぜか厳しい基準になってしまっている「べき」があるかもしれません。あるいは、そこはもっと

お客様来てます!
その敬語ちょっとおかしくない?

おおらかでいられたらいいなと思っている「べき」があるかもしれません。そうした「べき」については、積極的に基準を緩めることを考えてみましょう。

例えば、「敬語は正しく使うべき」とは思っているものの、今時は言葉も変わるものだから、そこまで目くじらたてなくてもいいかなと内心思っているとします。でも、つい癖で敬語の使い方のおかしい人を見ると注意してしまう自分がいます。

注意することで、なんとなくその場に居づらくなったり、まわりから面倒くさそうな扱いをされて嫌な気持ちになることがあるかもしれません。わざわざ指摘しなくてもいいと思うことがあるなら、基準を緩めることを考えてみるのです。

ここでは「べき」を例に挙げていますが、「べき」は「はず」「普通」「常識」「当たり前」にも置き換えることができました。こうした言葉に普段から気をつけていると、自分が何を大切にしようとしているのかが、言葉としてよく見えてきます。言葉としてわかることで、今まで以上に自分の怒りの原因になる「べき」を理解することができ、対処できるようになります。

次にマイナス感情・状態の減らし方です。マイナス感情はその原因となるものから遠ざかることで減らすことができます。

「辛《つら》い」であれば、辛さを作っているものから遠ざかることです。例えば、職場での人間関係が辛さの原因になっているのであれば、職場の人間関係から遠ざかるのが一番です。遠ざかることができないような人間関係であれば、関わり方を変えて、会う時間を少なくしたり、関わる度合いを減らせないか工夫をします。

何かに「不安を感じる」のであれば、不安にならないように、そのことを考えることをやめるか、考える時間を短くします。ニュースを見て不安になるのであれば、ニュースを見るのを止めます。不安になりやすい人は、不安になりそうなものを見続けてしまう悪い癖がありますが、そういう場合には、その悪い癖が起こるパターンを調べて、そこにはまらないように行動を少しずつ変えていくことが大切です。

マイナス状態を減らすには、健康的な生活を心がけることです。健康の基本は食事、運動、睡眠の３つです。ただ、今の時代この３つを適切にすることがとても難しくなっています。コンビニに限らず24時間営業のお店はそこら中にあり、いつでも食事ができます。夜中でも楽しめる娯楽があるので夜ふかしも簡単にできます。交通手段が発達しているので大して歩く必要がありません。インターネットがあるので自宅にこもって仕事だってできてしまいます。

人は基本的に怠け者なので、簡単な方へ、便利な方へと誘惑されていくうちに、現代病とも言えるような不健康が出来上がっていきます。

マイナス状態を減らしたいなら、ストレスになるようなことはできるだけ控え、規則正しい生活を意識し、自分が心から楽しい、幸せと思えることに取り組むことです。これは「言うは易く行うは難し」の典型例かもしれませんが、それを心がけていくより他はありません。

## ○高齢者が怒りっぽくなる個人的な理由

怒りが生まれる仕組みを理解したところで、高齢者が怒りっぽくなる「3．個人的な理由」を見ていきましょう。キーワードは「執着」「孤独感」「自己顕示欲」の3つです。

まずは「執着」です。執着の強い人は怒りっぽくなります。特に過去の成功体験、愛着への執着は高齢者を怒りっぽくさせます。

執着を国語辞書で引くとこうあります。

〝一つのことに心をとらわれて、そこから離れられないこと。〟（デジタル大辞泉）

もともとは仏教からきている言葉とも言われていて、修行の障害になる悪い心の動きを指しています。

人は自分が大切にしているものを守るために、怒りという感情を使うと説明しました。いろいろなことに執着がある人は、大切にしていることが多い人です。それだけ大切にしていることが多ければ、その大切なものが脅威にあう機会も必然的に多くなります。となれば、怒りを使う機会も増えます。また、ある事柄について執着がとても強い人は、そのことをとても大切にしていますし、こだわりがあります。他の人からすればどうでもいいように思えることでも、本人にとってはなんとしてもしがみついていたい大切なものなのです。

それが攻撃されるようなことがあったり、否定されるようなことがあれば、怒りをもって全力で闘おうとするでしょう。

一般的に言えば、人は歳をとるごとに、これまでのやり方を変えることに抵抗を感じるようになります。なぜなら、これまでにそのやり方でうまくいった経験に執着しているからです。一度うまくいったことのあるやり方について、危険を冒してまで変えたいとは思いません。新しいことを試すことへの恐怖感もあります。

会社でも昔のやり方はもう時代遅れで通用しないことは若い世代

から見れば一目瞭然なのに、頑なに昔のやり方にこだわる人がいます。そのこだわりが過去の成功体験への執着が強いことを表しています。

過去の成功体験は自分が大切にしている心の拠り所です。新しいことをやろうとすることは、つまり過去の成功体験を否定されていると捉えます。その自分の大切なものが危機に瀕しているので、必死に守ろうとして怒るのです。

年老いた両親の住む家は放っておけば、ゴミ屋敷とまではいかなくても、いつの間にか物で溢れます。それを片付けようとして、親と大喧嘩になるのが、よくある「実家の片付け問題」です。「実家の片付けほど大変なも

のはない」と言う人もいうくらいの問題です。

実家の片付けの時に喧嘩の種になるセリフが、「どうして勝手に捨てるの⁉」です。片付けに行ったこちらからすれば、明らかにゴミと思えるようなものでも、親にとってはとても愛着のあるものだったりします。それはすでに使えなくなっているし、実用的な価値が見つけられなくても自分が楽しかった頃、苦しかった頃の人生をともに経験をしたということで愛着を感じています。それを捨てることには非常に大きな抵抗を感じるのです。

50歳にもなる子供の幼稚園の頃の工作も実家には残っています。片付けをしていれば、一瞬は手を止めて懐かしさにひたることもあります。もしかすると本人にはその頃の記憶はないかもしれません。ほとんど壊れているその工作は確かに思い出の品ではありますが、とっておく程のものではないと思えます。でも、親からしてみれば、自分の子供が可愛くて仕方がなかった頃、一生懸命つくって家に持って帰ってきた頃のことを覚えています。高齢者になると少し前のことは忘れても、昔のことはよく覚えているということがよくあります。

高齢者が物の片付けができなくなるのは、認知能力の低下によるところも大きな理由の一つです。記憶力が低下すれば、同じ物を何度も買ってしまうことになり、冷蔵庫の中には老夫婦二人ではとても食べ切れない量の食料がたっぷり詰まっているなんてことになり、消費期限をとっくに過ぎた食品のオンパレードになります。

高齢の両親が住むには不便だし、家も古くなっているので、もっと便利なところへの引っ越しを勧めても、頑なにこれまで住んできた家が良いと言って、引っ越すことを拒みます。近くに日用品を買えるお店はなく、病院も遠いし、家は隙間風で寒く、階段は急で、不具合もそこら中にあります。普通に考えれば、もっと便利で暮らしやすい場所はいくらでもあります。子供としては、近所のアパートにでも住んでもらった方が要らぬ心配をせずに済みます。土地や家に執着する人はとても多いです。震災後に同じ場所に家をもう一度建てたいという希望と、そこに建てさせたくないという行政の間で、トラブルが起きることはよく知られています。合理的に考えれば、震災に遭った場所はもう一度同じことが起きる可能性が高く、そこに住むのは大

オレは絶対にここを動かん!!
もっと暮らしやすい家に引っ越そうよ!

きな危険を伴うことくらいはわかります。でも愛着はその合理性を超える判断をさせます。
何かに執着することが悪いこととは思いません。執着があるからこそ、それを守るために生きる活力が生まれることもよくあります。ただし、行き過ぎた執着は無駄な怒りを生むことになり、その怒りによって余計な問題を起こしてしまうことを忘れないようにしたいものです。

次に「孤独感」です。孤独も高齢者を怒らせるものとして大きな理由です。怒りのライターを思い出してください。孤独感はライターのガスの部分であるマイナス感情としてとても大きいです。孤独感の大きな人は、ライターのガスをたっぷり持っている人です。

自分が孤独であることを好んでいる人は問題ないのですが、望んでいないのに孤独だと感じている人は怒りについて問題を抱えることになります。
孤独感は家族がいても、友人がいても、職場があっても関係ありません。たった一人でいても孤独感を感じないどころか、

それを楽しい、居心地が良いと感じる人もいます。逆に周りに人が多くいればいるほど、孤独を感じることもあります。孤独とはその場にいて自分の居場所がないと感じることです。

なぜ孤独感がマイナス感情になるのかと言えば、次にあげる「自己顕示欲」にも関係してくるのですが、人は常に大なり小なり誰かに認められたいと思っています。人に認められることで自分の存在価値を確認しています。孤独感の強い人は、誰かに認めて欲しい、受け入れて欲しいと思っているので、自分が認めてもらうために余計なことをしてしまうことがあります。

こんなことがありました。私はロードバイクを趣味で乗ります。ある時、自転車で車道の左側を走っていると、後方から誰かが自分を呼んでいるように感じました。なんだろうと思い、声のする方を振り向いたところ、車を運転している年配の男性が私に向かって「歩道を走れ！」と大声で叫んでいたのでした。

言うまでもありませんが、道路交通法では自転車は車道の左を走ることが決まっています。私がロードバイクで車道の左側を走っていたのは、道交法的には問題ありません、というよりも、それが正しい走り方なのです。ですが、その年配の男性は歩道を走れと注意をしてきます。男性をよく見てみると仕事着で、夕方ということもあって、ちょうど仕事の帰りと思われました。その男性が法律を守って自転車に乗っている見ず知らずの私に向かって、知ってか知らずか間違った法律で注意をします。上り坂でスピードが緩かったこともあり、私が「自転車は車道の左側通行ですよ」と返すと、そんなのは間違っているといったようなことを言い、憮然とした表情のままスピードを上げて走り去っていきました。

間違った法律知識をかざして人に注意するとは何ともお粗末な話なのですが、程度の差こそあれ、こうしたことは日常茶飯事です。自分の意に合わない人に対して意見するのは自由ですが、それが怒りをもった攻撃になっていることがよくあります。

インターネットのニュースのコメント欄などはその際たるものでしょう。関わる必要のないことで怒りのコメントを書いている人が世の中にはたくさんいます。孤独を紛らわせるために、意見を言いたいし、誰かに認めて欲しいのです。

私に注意してきた男性も含めて、自分が受け入れられている、自分の居場所があると思えている人は、関わらなくていいことには関わりません。なぜなら、そんなことをする必要がないからです。

孤独感の強い人にとって一番怖いのは無視されることです。無視されれば、より孤独感は強くなります。だから、いろいろなことに関わろうとします。ただ、誰しも負け戦はしたくないので、自分が正しい、反論をされないと思えるチャンスを探しています。

コロナ禍になり登場した「〇〇警察」と呼ばれるような人達は、正義というわかりやすい大義名分の下に自分の孤独を紛らわせる手段として、誰かを攻撃しているように見えてなりません。

例えば自粛警察であれば、本当に自粛していないことが許せないのではなく、都合よく攻撃できる対象であれば誰でもいいのです。なので、次から次へと違う〇〇警察が生まれ、常に怒りをぶつける誰かを探し続けていくのです。

孤独感に対する一番の特効薬は「自分で自分のことを認められるようになること」です。今の自分はこのままでＯＫと自然と思えれば、特に誰かから認めてもらえなくても、承認をしてもらえなくても問題とは思いません。

ところが私達は自分で自分のことを評価することに慣れていません。物心ついた頃から誰かに評価してもらうことに慣れています。親から、先生から褒めてもらうことで自分が正しいということを実感してきました。会社に入れば、上司からの評価で自分がやっていることが正しいのかどうかを確認しています。

世間にはいろいろな物差しがあり、いつもそれらの物差しと比べて今の自分がどうであるかと比較をしています。学歴、年収、会社、友達の数、家族、住んでいる場所、持っている物等々、今のあなたであれば、これくらいのものを持っているのが普通ですよという物差しが社会のどこかにあって、何となくそういうものだと思っているので、その物差しにあった行動をしようとします。ところがそうした物差しを全て満たすことな

ど到底できるはずもありません。けれど世の中の物差しを意識すればするほど、評価に満たないことがわかり、自分は認められていないと孤独感を強めてしまうのです。

そして「自己顕示欲」です。自己顕示欲は承認欲求の一つとして考えられています。自己顕示欲に明確な定義はありませんが、あえて定義するなら「自分のことを認めて欲しいがあまり、周りに対して、やや過剰とも思える自己主張をすること」です。さらには自己主張するだけでなく「何かしらの行動を起こし、その見返りを欲しがること」です。

先程の「孤独感」とこの「自己顕示欲」はコインの裏表のような関係です。孤独感が強いから自己顕示欲により誰かに受け入れて欲しいと行動するとも言えますし、自己顕示欲が強いから周りから煙たがられ孤独感を強めているとも言えます。

孤独感の強い人にとって無視はとても怖いことと書きましたが、自己顕示欲の強い人にとっても怖いのは無関心の対象になることです。自分に関心を持って欲しいがために、必要のないことにまで首をつっこんだり、口出ししたりします。

誰でも誰かの役に立ちたいと思っていますし、いつまでも自分が必要な人でいたいと願っています。

一般的に言えば、歳をとっていけば、それまで担っていた社会的な役割から外れることが多くなります。

会社の中にいれば役職定年があります。もう少し歳をとれば定年がやってきます。今は定年までいられるかもわからず、50歳ともなれば早期退職の対象になることも珍しくはありません。

今まで自分こそは会社の中で役に立つ存在、社会的にも認められる存在と思っていたところに厳しい現実を突きつけられます。

今はかなりの年齢まで肉体的には元気でいられるので、これまでと何ら変わらない働きができるはずなのに、役割を外

されることに憤りを感じます。まだまだ若い世代には負けないという自負もありますし、その自分を役割から外すという仕組みに怒りを感じます。

社会的な役割を失うことへの怒りは高齢者の免許返納問題にも見ることができます。近年、高齢者による自動車事故が社会問題化していることもあり、免許の自主返納についても警察庁はじめ啓発活動を行っていますが、なかなかそう簡単にはいきません。家族も高齢の親を説得し、なんとか免許の返納を促そうとしますが頑として譲りません。

免許を自主返納することで公的身分証明書として使える運転経歴証明書を交付してもらう制度やメリットなどを訴えますが、そうし

たメリットでは補えないものがあります。

公共交通機関の発達していない田舎であれば物理的に難しいという理由もありますが、それ以上に社会的な立場を失うことへの疎外感、抵抗感の方が圧倒的に強いと言えるでしょう。

私の父も75歳での免許更新の際、認知機能検査を受けました。その時、いかに自分の認知機能が劣っていないかを自慢し、自分は検査なんて受けなくても大丈夫だといわんばかりの勢いでした。これは先が思いやられるなと思ったのは、本人には内緒の話です。

人は社会的な存在でありたいし、また自分が人生で得た知見を生かして誰かの役に立ちたいと思っています。

ところが今、若い世代に昔の話をしても、時代遅れの自慢話、時代が違ったから通用したやり方、時代錯誤の根性論と思われることが多く、どうかすれば老害扱いです。

動物は基本的には生殖機能がなくなれば寿命が尽きます。ところが人間は、男性も女性も生殖機能を終えてからも長生きをします。これは歳を重ねることで得られる知見を年下に伝えたり、子育てに参加することで、より子孫を繁栄させやすくするためという説があります。

三世代同居が当たり前の時代であれば、おじいちゃん、おばあちゃんの役割は家族の中ではとても大切でした。ところが核家族化が進み、子育て情報などが充実してくると、親に子育てを頼らなくなります。

むしろ、昔ながらの子育ての間違いに気づいたり、時代遅れと一蹴する風潮さえもあります。となると、昔の子育て話をしても疎ましく思われるだけです。

自分達が作り上げてきた経験、知見を伝えたくても、伝えるチャンスに恵まれません。自分が若かった頃は先輩を大事にし、アドバイスを聞いてきたのに、自分がいざその立場になったら、お払い箱のように扱われる始末です。

そこで「自分には自分の人生がある。マイペースでいこう」と思える人もいれば、認められない悔しさから、より認めて欲しいと行動に移す人もいます。そうした人は自己顕示欲の強い人ですから、認められない、受け入れられないことで人と揉めることがあるのは想像に難くありません。

自己顕示欲の強い人にとって、自分の存在が小さくなることは許せず、怒りを持つ大きな理由になるのです。

# 2章

# 人はなぜ怒るのか

# ○「怒られる＝あなたへの攻撃」とは限らない

誰でも怒られたら嫌な気持ちになります。それはアンガーマネジメントに長年取り組んでいる私であっても同じことです。ただ、アンガーマネジメントを知ることで、それなりに怒っている人、キレる人と上手に付き合うことができるようになりました。

「上手に付き合う」とは、怒りをぶつけてくる人を軽くいなすことができたり、落ち着いてもらうことができたり、話ができるようになったり、あるいは関わらなくてすむようになるといった意味です。

どんなに真面目に生きていても、自分に非が全くなくても、もらい事故のように突然誰かから怒りをぶつけられることはあります。

なぜ怒りのもらい事故のようなことが起きてしまうのかと言えば、怒りは持ち運び可能な感情であって、矛先を固定しないという性質があるからです。それはつまり八つ当たりのことです。

例えば会社で部下に怒りを感じたとします。その部下を叱れば、そこでその怒りは終了するはずですが、そうはなりません。アンガーマネジメントができないと、その怒りを持ち続けることになります。その人はその怒りを持ったまま家に帰ります。そして家に帰って気に入らないことがあれば、本来、家族には関係のないことですが、その怒りを家族にぶつけてしまうのです。

その逆も然りで、家庭で持った怒りを会社やお店などに持ち運び、そこで部下、店員といった、もともとの怒りには直接関係のない人達を使って晴らそうとします。

職場のパワーハラスメント問題は大きな社会問題になっていますが、パワハラ加害者は会社とは別の場所で生まれた怒りを会社に持ち運んできて、ぶつけやすい部下などの対象に向けている可能性はかなり高いと考えられています。

また、これから大きな社会問題になると考えられているカスタマーハラスメントも、同

じ仕組みの下に生まれていると考えています。

自分に向けられた怒りは自分には関係ないというのはよくあることです。たまたま目の前にあなたがいたから、怒りをぶつけられたのであって、あなたを攻撃したくて怒っているとは限らないのです。

自分に非があり怒りを向けられたのであれば、反省したり、同じことが起きないように気をつけるとして、自分に全く非のないことで、怒りをぶつけられるような場合であれば、その怒りを受け止める必要は全くありません。

ただ多くの人は、怒られるからには自分に何らかの非があるのではないかと思い、相手の怒りを受け止めようとしてしまいます。結果、落ち込んだり、嫌な気持ちを手放すことができず長いこと苦しんでしまうのです。怒られることに苦手意識のある人はなおさらそう思う傾向があります。

怒られる時に相手の言っていることをよく聞いてみてください。すると次の2つがあることがわかります。

1．事実
2．思い込み

「1．事実」は誰がどう見ても動かしがたいものです。例えば、あなたが疲れて優先席に座っていたとします。そこに高齢者が来て、「ここは優先席だ！　あんたのような人は座ってはいけないんだ！」と怒鳴ってきたとします。「事実」はあなたが優先席に座っていたことです。ですから、優先席に座っていたことは事実として受け止めます。その点についてはまあ確かにそうだなと。一方で「座ってはいけない」という言い分については、それは高齢者側の言い分です。優先席の意図はあくまでも譲り合うことにあって、高齢者、障害者、妊婦以外が座ってはいけないということではありません。この高齢者は優先席に関して間違った思い込みを持ち怒っているのです。「あんたのような人は座ってはいけない！」の部分については事実ではありませんから、聞き流してもいい部分と言えます。優先席に座った自分を恥じたり、怒られたことで罪悪感などを持つ必要は全くありません。

あるいは介護中の親にお茶を出したら、「こんなまずいお茶を出すなんて、バカにしているのか！」と怒ったとします。お茶がまずいかどうかはごく主観的なことです。またバカにする気なんてさらさらありません。ということであれば、この場合、相手の怒りについては何も聞かなくてもいいと言えます。あえて言えば、怒っているのは確かなので、怒っているのだなと思うだけでいいのです。それを「あぁ、親を怒らせてしまった」「自分の配慮が足りなかったのかもしれない」と自己嫌悪に陥ってしまうと、もうメンタルがもちません。思い込みを聞いていたら、全部自分が悪いと受け止めることになりかねないのです。

聞かなければいけないのは事実だけ。事実でないことは聞く必要はない。そういう気持ちでいると、人から怒りをぶつけられても落ち込まずに済みます。

実際の会話の中で、事実と思い込みを分けるのは結構大変ではあるのですが、意識して聞くことを続けていれば、その切り分けができるようになりますので、ぜひ試してみてください。

# ○怒る人が本当はしなければいけないこと

「怒りは身を守るためにある感情」と説明しました。怒るということは、自分の大切にしている何かが危険な目にあうというサインを感じたから起こる感情です。そのサインを感じたからこそ、怒りの感情を使ってそれを守ろうとしているのでした。

私達人間には、命が危険にさらされて怒るといった機会は社会生活の中では少ないでしょう。むしろ、大切にしている考え方、価値観、権利、立場、家族、仲間、生活といったものが脅かされることで怒りを感じて、それらを守ろうとすることの方が圧倒的に多いです。

では、それらのものが危機に瀕しているとして、感情的に怒って何かが解決できることはあるでしょうか。答えはノーです。感情的になったとしても、何も解決できません。むしろ、怒っている時こそ、冷静になり、相手に何をして欲しいのか、今どうしたら良いのか伝えなければいけません。

感情的になればなるほど、相手にしてほしいことは伝わらなくなります。なぜなら、感情的になると相手に対しての攻撃が始まるからです。そして攻撃された側は自分が今危機にあっていると認識し、怒りの感情を発動させて自分を守ろうとします。つまり、相手に怒りをぶつければぶつけるほど、相手も怒りで防御します。怒りで防御している人は相手が言っていることを理解したいとは思いません。むしろ、どうすればこの場から逃げられるか、或いは逆にやっつけられるかということに考えがいってしまうからです。

怒ることの目的は「相手にリクエストを伝えること」にあります。相手を反省させることにも、へこますことにも、ましてや恨みを晴らすことになど全くありません。怒り上手な人はリクエスト上手な人で、怒り下手な人はリクエスト下手な人です。
怒る人がしなければいけないことは、相手に今どうして欲しい、これからどうして欲しいかを、相手が理解できるように、相手がリクエストを聞いてもいいなと思えるように伝

えることです。

リクエストは命令ではありませんので無理強いすることはできません。リクエストが通る可能性が高くなるのは、相手が理解をし、この人のリクエストなら聞いてあげたいと思ってもらうことにあります。

ところが、多くの人は怒ることは相手に力づくで言うことを聞かせることと勘違いをしています。だから、相手の気が悪くなるような言い方をお構いましにするのです。相手に不愉快な感情をもたせれば、それだけ自分のリクエストが通らなくなるとも知らずに。

ほとんどの人は怒ることが目的になってしまい、リクエストをはっきりさせないまま怒ることをしてしまいます。例えば、怒っている人に対して「どうすれば良いですか?」と聞いた時、「どうしたもこうしたもない!」と言い返してくるようであれば、それはリクエストがないか、あるいは自分でもどうして欲しいのかわからないまま怒っている人です。あるいは「それを考えるのはお前だろうが!」と乱暴なことを言ってくる人もいますが、その人も実は相手に何をして欲しいのか自分でもよくわかっていません。単純に気分が悪いので、それを相手にぶつけているだけです。

これではいくらこちらが話を聞こうとしても、問題を解決しようとしても前に進むことはできません。また、リクエストがあるにしても、そのリクエストがとても聞けるようなものではないこともよくあります。度を超したクレームのようなものはその代表格です。「お客様は神様だ」と勘違いしているような人にはよくある物言いです。例えば、サービスに満足しなかったから割引しろ、その値段じゃ高すぎるからいくらにしろ、自分のために何か融通しろ、気に入らないから消費者センターに電話するぞ、等々、不当と言えることを言う人がいます。こうしたものはリクエストではありません。ただのわがままであって、不当な要求です。不当ですから、受ける必要のないものです。

世の中に怒っている人はたくさんいますが、上手に怒れる人はほとんどいません。リクエストもなく感情をただぶつけるか、不当な要求をすることが正しいことと思い違いをしています。

リクエストの本質を忘れて怒っても、その怒りは無駄になるだけです。

## ○怒る人への対処の基本

怒る側の基本は相手に今どうして欲しい、これからどうして欲しいという「リクエストを相手が気持ちよく聞いてもよいという状態になるように伝えること」でした。それを踏まえた上で、次は怒っている人への対処の基本をお伝えします。

「敵を知り己を知れば百戦殆うからず」とは中国の兵法書『孫子』の一節です。敵の現状を知り、自分のことをわきまえていれば、100回戦っても負けることはないという意味です。戦い方の指南書として長く語り継がれているものですが、怒っている人に向き合う時にもこの考え方はとても有効です。

怒っている人に向き合う時、怒っている人のことを観察しないいまま、また、自分が何をできるのかもわからないまま向き合おうとしても上手くはいきません。

怒っている高齢者と上手に付き合うには、まずは怒っている高齢

者を観察することから始めましょう。そして次に自分に何ができるのかを理解して、現実的にできることだけに注力していきましょう。

まずは怒る側に本当はあるはずのリクエストが何かを見つけます。ただ、前述したように、多くの人は自分のリクエストが本当のところ何なのかわからずに怒っています。もしくは不当な要求をしてきています。

ここで明確に相手のリクエストがあり、それを聞くことが妥当だと思えるのであれば、そのリクエストに応えられれば、話はそこで終了です。相手もリクエストが通ることで納得しますし、こちらも納得できます。

問題はリクエストがなんだかよくわからない場合、あるいは不当な要求の場合です。その時は、その人がなぜ怒っているのか紐解いてみます。

第1章で説明した怒りが生まれるメカニズムから、怒っている人は、まず「べき」が裏切られ怒りの火種が生まれ、そこにマイナス感情や状態のガスが加わることで、大きな怒りの炎を上げているのでした。ということは、怒っている人の「べき」、マイナス感情・

状態を知ることで、怒っている人への対処ができそうです。

怒っている人の怒りの火種となっている「べき」を見つけるのは結構簡単です。なぜなら、怒っている人は「べき」を言葉の中に実際に使っていることが多いからです。この「べき」は先に説明したように、「はず」「普通」「常識」「当たり前」といった言葉にも置き換えることができます。つまり、そうした言葉を使っていないかよく聞けばいいのです。

「べき」などの言葉は、自分が思う理想、期待、欲求などを表している言葉であって、事実ではなく、本人の思い込みの言葉です。

ここに怒っている人が言いそうな一例を挙げてみます。


「前もって説明するべきだろ！」

「そんなはずない！」

「普通、言わなくてわかるもんなんだよ！」

「そんなことも知らないなんて常識がない！」

「お客が言っているんだから、言うこと聞くのが当たり前だろう！」

例えば「前もって説明するべきだろ！」には、事前に説明して欲しい、事前に説明するのが当たり前だという本人の理想や期待が込められていますが、本人の希望通りにそれを事前に説明する必要があったかどうかは別問題です。また、もしかしたら事前に説明はしてあったのですが、それを見つけることができなかったのかもしれません。あるいはインターネット上には説明があるのですが、そこへのアクセスの仕方がわからないか、わかったとしても、いちいち読むのが面倒だったのかもしれません。

「そんなはずがない！」は、例えば電気屋さんで特典をもらう時に以前は身分証明書が不要だったのに、今は必要になっていたとします。以前はそんなものを提示しなくてももらえていた。だから今だって身分証明書の提示は必要がないはずだ、という言い分です。以前は身分証明書がいらなかったのが本当であったとしても、仕組みが変わり、今は身分証明書の提示が必要になっていたら、「そんなはずがない！」と言われても、それはもうそうではないのです。

「普通」「常識」「当たり前」と言われても、それは言っている本人にとってのものであって、こちらの普通、常識、当たり前ではありません。

前述したように、怒っている人の言葉で聞かなければいけないのは、あるいは受け止めなければいけないのは事実のみです。

相手が気を悪くしていることについて、そう思ってしまったことを残念に思ったり、怒りを感じていることに共感するのは良いことです。でもそれは相手の言い分を全面的に聞くということではありません。

相手の言っていることに一部でも正しいところがあるからといって、何とか言う通りにしてあげようと思う気の優しい人は要注意です。そんなことをしていれば、言われっぱなしになってしまいます。

強く怒ってくる人は、良くも悪くも、これまでに強く怒ることで得をしたことがある、上手くいくはずという思い込みがあります。そういう思い込みがあるので、下手に出るよりも高圧的に言った方が効果があると信じて、そう行動しているのです。

その人に対して、威圧的な態度に出ることで効果があることを改めて認めさせてしまうと、エスカレートしてしまいます。なぜなら人は、過去の成功体験に執着するからです。今後も付き合いがある人であれば、なおさらそう思わせるのはＮＧです。

怒りの火種となる「べき」などを見つけることができたら、その「べき」と事実との間にどういう違いがあるのかを丁寧に説明することです。

「前もって説明するべきだろ！」であれば、実はインターネット上のここにアクセスすると説明があったのですよと事実を説明します。それに対して、そんなものは普通見ない、見せるつもりがないのだろうという言い方をしてきたら、それでも、お客様に知っていただくための方法としてインターネット上のここにありますと、事実を繰り返すのです。ただ、少なくともその人はそれを見つけることができなかったので、見つけられなかったこと、そのことで怒っていることについては理解を

示します。

この時に気をつけたいのが、決して正論を言わないことです。この場合の正論は「インターネット上に書いてあるものを読んでいないあなたが悪い」です。

事実を伝えることと正論を言うことは違います。事実は「インターネット上に書いてある」であり、正論は「それを読んでいないあなたに落ち度がある」です。事実は相手を責めませんが、正論は相手に責を負わせることになります。

怒りをぶつけられている側は、特にこちらに落ち度がなければ、つい正論を言いたくなります。ところが、怒っている人にとって正論はさらに怒りを大きくするものにしかなりません。

なぜなら、怒っている側も正論を理解したとしても、それを差し置いても怒りたいと思っているからです。今更正論を言われて、振り上げた拳を下ろすことはできません。

正論が正しいことは明白ですが、人はいつでも理屈通りに動くというわけではありません。正しくないとわかっていても、正しくないことをするのが人です。

正論は相手への共感を拒むものです。相手がどう思っていようが、感じていようが、正しいのはこれですというのが正論です。正論には取り付く島がありません。正論を言われると、こちらの言うことを聞いてくれない、わかってくれないんだというサインとして受け取ります。

リクエストのある人も、リクエストのない人も、怒っている人に共通していることは、「この怒りをわかって欲しい」という思いです。

怒りをぶつけられる側としては、「あなたの言っていることは事実ではないかもしれないが、少なくとも不愉快に感じている、怒りを感じていることはわかります」と共感を伝えることが基本です。

何も問題は解決しなくても、実はわかってもらえたという思いだけで、拳を下げる人もいるのです。

次に探すのは怒りの火種になっているマイナス感情・状態です。マイナス感情・状態を見つけることで、怒っている側が自分は理解された、わかってもらえたという気持ちが強くなり、結果、怒りの炎が小さくなるからです。

例えばマイナス感情の中でも「不安」は誰にとっても結構大きなものです。不安がガスになっていると思えるのであれば、その不安がなんであるかを理解し、その不安を消すことができないか考えてみます。

高齢者にとって「孤独感」は怒りの大きなキーワードの一つです。孤独感の強い人は話を聞いて欲しいのにコミュニケーションが上手ではないことが多いので、怒りをぶつけることで誰かと接しようとします。逆にそれくらいしか他の人と関わる方法が思い浮かばなくなっています。

怒りをぶつけられる側からすれば迷惑以外の何物でもないのですが、そうしたコミュニケーションしかとれないから孤独感を強めてしまっているとも言えます。

例えば、孤独感が強そうに見える人であれば、話をさっさと切り上げるのはＮＧです。寂しいからあれこれ言ってくるのですから、ある程度は時間をとって、相手の言い分を聞くことです。そうすることでマイナス感情である孤独感が満たされますから、怒りの炎は小さくなります。

不安がマイナス感情になっているようであれば、その不安が何かを聞き、一緒にその不安が消せないかを考えてみます。

わからないところがわからないから不安になって怒っている人は思いの外多いものです。そのわからないところを一緒に整理するだけでも、不安を小さくすることはできます。

怒っている高齢者を見て、この人は疲れているんだろうなと思えたら、「疲れ」はマイナス状態ですから、「お疲れのところわざわざ来てもらってすみません」とねぎらいの言葉をかけます。ねぎらいの言葉をかけたからといって、相手の不当な要求をのむことにはなりません。

つまり、マイナス感情・状態を小さくしたいのならばマイナス感情・状態に寄り添う姿勢を見せることがポイントです。

先程の例で言えば、話を聞いたからといって孤独感が一瞬でなくなることもなければ、不安が消えてなくなるわけでもありません。ねぎらわれたところで疲れが本当にとれるわけでもないかもしれません。

しかし、少なくとも相手は自分の気持ち、状態に理解を示し、寄り添ってくれていると受け取ります。人は自分のことを受け入れてくれる人には好意を示し、自分を拒絶する人には敵意を持ちます。

怒っている人に対処する時、自分に敵意がないことを示すのは得策です。そのためには相手のマイナス感情・状態に少なくとも寄り添っているという姿勢を見せることは大きなポイントになります。

さて、ここまできて怒っている人の全体像が見えてきました。まずリクエストがあるのかどうか、どのような「べき」が裏切られて怒りの火種が生まれたのか、そしてその火種のガスとなったマイナス感情・状態はどのようなものであるかを確認しました。

そして次が最後のステップです。それは結局のところ、この怒っている人に「関わる必要があるのか、ないのか」判断することです。

当たり前のことですが、私達にはできることもあれば、できないこともあります。また、したいこともあれば、したくないこともあります。

人生にはいろいろな面倒事がつきものですが、それら全てに関わっていたらどれだけの時間があっても足りません。物理的に全部に関わることはできないですし、その必要もあ

こんなことされて頭にきちゃって!!
それは大変でしたね・・・!!

りません。

ではどうすればいいかと言えば、関わる必要があるのかどうかを判断して、関わる必要のあることだけに力をかけて関わることです。

例えば、公共の場でいきなり誰かに怒られたとして、その人が何かを言ってきています。それが完全に言いがかりであって、こちらに何の非もなかったとします。ではその人に言い返して、その人が勘違いをしていることを訂正するための時間と労力をかけてまで、関わりたいでしょうか。

気持ちとしては釈然としないものがあるかもしれませんが、人生に理不尽なことはいくらでもあります。たまたまめぐり合わせが悪かったと思い、その場からすぐに立ち去った方が自分のためになると思います。

「いや、自分としてはその理不尽には全て立ち向かいたいんだ。理不尽なことを言ってきた相手には、見ず知らずの人であろうが論破して、いかにその人が間違っているかをわからせたいんだ」と強く思っているのであれば、関わることは止めません。ただ、それをしていても疲れるだけでしょう。

怒りを専門に扱うアンガーマネジメントには「ビッグクエスチョン」といって、何かを選択する時にいつも基準にする質問があります。

ビッグクエスチョンは次のものです。


**「自分にとって周りの人にとって長期的に見た時に健康的か？」**


その選択が自分だけでなく、周りの人も含めて、長い目で見た時に、心身ともに健康的な選択肢になっているかを考えることが、ムダに怒りに振り回されないために用意されている質問です。

嫌な気持ちになったとしても、これに関わることがビッグクエスチョンに沿ったものになるのであれば、それは歯を食いしばってでも関わった方がよいものです。

逆に関わることがビッグクエスチョンに沿った選択肢にならないのであれば、それは手を放した方がよいものです。

最終的にあなたが何に関わるのか、関わらないのかを決めるのは自分ですが、その判断基準にアンガーマネジメントのビッグクエスチョンをぜひ置いて考えてみて下さい。

## 怒る人への対処ステップ

**1 リクエストを見つける**

- リクエストが妥当で応えられるものであれば応える

**2 「べき」を見つける**

- 事実を伝える
- 正論は逆効果

**3 マイナス感情・状態を見つける**

- マイナス感情・状態に寄り添う姿勢を見せる

**4 関わる・関わらないの判断をする**

- 関わる必要のあることだけに注力する、手を放せるものは手を放す
- ビッグクエスチョンで判断する

# 3章

# ケースでわかる「キレる高齢者」との付き合い方

本章ではケース別にキレる高齢者への対処方法を見ていきます。ここで取り上げるケースは実際にあった事例をもとに創作したものです。

## ケース1
# 公共の場でキレる高齢者に対して

最初は公共の場でキレる高齢者に対してです。拙著『私は正しい』（産業編集センター）で詳しく書いたように、今、正義感から怒る人がとても増えています。正義感から怒る人は「自分が正しい、相手は間違っている」という思い込みの下、相手を責めていい、「自分が相手を正すことこそ必要なこと」と勘違いをしています。

第2章で説明したように、怒ることの目的は「相手にリクエストを伝え、相手に気持ちよくそのリクエストを聞いてもらうこと」にあります。

おい！
子どももマスクを
つけろ！

正義!!

そのための大前提としてあるのが良好な人間関係です。普段、良好な人間関係にある人から怒られるのであれば、この人から言われるなら仕方がないと思えます。ところが、人間関係のできていない人から怒られたら、どうしてこの人から言われなければいけないのか？　という疑問と怒りが先にくるのは自然なことです。

人間関係のできていない人に対して怒ることは非常にハードルが高いことなのですが、良好な人間関係をつくってきた経験がない人は、この辺りがあまりわかっていないので、面識のない他人にいきなり怒り、言うことを聞かせようとしてしまうのです。

## ●対処の基本「君子危うきに近寄らず」

アメリカでアンガーマネジメントを習う時、最初に教わるキーワードがあります。それは「RUN！」です。「走れ！」という意味で一番使われると思いますが、ここでは「逃げろ！」の意味です。巻き込まれなくていいトラブルに見舞われるくらいなら、その場からさっさと逃げなさいと教わります。

公共の場でいきなり誰かに怒られたとして、その人に関わって良いことは何もありません。関わるとは反論するだけではなく、弁明も含めてのことです。基本的には無視することが最善です。

無視してもしつこく追いかけられるようなことがあっても、さっさとその場を立ち去りましょう。お互いの視界から消えることが、それ以上つきまとわれない一番の特効薬です。

自分に落ち度がなく特に何も悪いことをしていないのに、自分の方が逃げるなんて釈然としないかもしれません。「逃げるは恥だが役に立つ」ではありませんが、目の前の厄介なものから逃げることは不要なトラブルを避けるのに役に立ちます。

さらに言えば、逃げることは恥ではありません。日本人は逃げることを恥ととらえるようなところがありますが、その場から立ち去ることは立派な退却戦略なのです。もし本当に自分に非があったなら、一言「失礼」と言って、その場からすぐに立ち去りましょう。それだけのことで事が済むなら安いものです。

「徹底して関わらない姿勢」は、自分にとって全く関係のない人から怒られた時の対処の基本です。ネットで見ず知らずの人からいちゃもんをつけられた、あおり運転をされた等、もらい事故のようにいきなり誰かがぶつかってくることはあります。

こうした関係のない人にからんでくる人にとって、一番欲しいのが相手の反応です。相手が反応してくれるから関わりにいくのです。これが全く誰も反応をしてくれない相手であれば、関わりにはいきません。

ケース2

## カスハラしてくる高齢者に対して

この手の人達は相手の反応を栄養にしている生き物です。相手が言う通りにしてくれれば最高のご馳走になりますが、そうではなくても栄養にはなるのです。栄養が摂れるとわかると、さらに美味しいご馳走を求めて同じことを繰り返すことになりますから、栄養を与えてはいけません。

カスタマーハラスメント（以下、カスハラ）が社会的に大きな問題になりつつあるという警告がされています。厚生労働省は20

２０年10月、21年度に企業向けに対策マニュアルを策定する方針を決めました。

カスハラにより従業員が精神疾患を発症するなど深刻な被害も起きており、国が標準的な考え方や現場対応策を示す必要があると判断したからです。

全国繊維化学食品流通サービス一般労働組合同盟（ＵＡゼンセン）が２０２０年７月から９月にかけて行った調査（＊1）では小売・サービス業で働く組合員の５人に１人がカスハラを受けたという結果が出ています。

ハラスメント行為としては、暴言39・３％、同じ内容を繰り返すクレーム17・１％、威嚇・脅迫15・０％と続きます。顧客の性別は男性74・８％、女性23・４％。ハラスメント

をした顧客の推定年齢は70歳代以上11・5％、60歳代28・0％、50歳代30・8％と続きます。50歳代以上の合計は実に7割を超えています。

これらのハラスメント行為が行われた理由について、「顧客の不満のはけ口・嫌がらせ」「消費者の勘違い」といった声が現場からあがっています。

## ●対処の基本「個人ではなく会社のルールとして対応する」

「お客様は神様です」の意味合いを勘違いして使っている人はとても多いです。これは故三波春夫さんの言葉ですが、ご本人は今のような意味合いでは使っていなかったと公式

サイトで説明をしています（＊2）。

しかし、残念ながら「お客は神様、偉いのだから、サービス提供者側が言うことを聞くのは当たり前」といった態度で店員さんなどに接する人が多くいます。

「お客様は神様です」は昭和36年頃に言われた言葉のようです。そのため、この言葉を知っている人はある一定以上の年齢の人です。

UAゼンセンのアンケート結果にもあるように、顧客だからと傍若無人な振る舞いをする人達の7割が50歳代以上であるところを見ると、この言葉はある年齢層以上では酷く勘違いをされているものになっているようです。

カスハラに対する大原則は個人としてではなく、会社のルールとして対応することです。

なぜならば、個人として対応をしていると、その特定の個人への攻撃になりやすいからです。また、個人では決済できることとできないことがあるので、決済できない担当者が担当以上のことを求められてもどうにも対応ができません。

まずは会社の方針として、カスハラに何をどこまでどのように対応するのか、ルールを決めることです。そのルールがあることで、従業員はルールに即した対応をすれば良いと思えるので、精神的な負担はかなり軽くなります。

ところが、UAゼンセンの同調査によると、企業で実施されている迷惑行為への対策については、「特に対策がされていない」が43・4％で最も多い回答となっていて、企業における対策が進んでいない課題が浮き彫りになっています。

最近では従業員の心理的安全性を高めることが、実は生産性を大きく高めるということが常識になりつつあります。

＊1　https://uazensen.jp/info/%E3%82%B3%E3%83%AD%E3%83%8A%E7%A6%8D-%E5%B0%8F%E5%A3%B2%E3%83%BB%E3%82%B5%E3%83%BC%E3%83%93%E3%82%B9%E6%A5%AD%E3%81%AE%EF%BC%92%EF%BC%90%EF%BC%85%E3%81%8C%E8%A2%AB%E5%AE%B3%E3%80%80%E3%80%80/

＊2　https://www.minamiharuo.jp/profile/index2.html

## ケース3 パワハラしてくる昭和型上司に対して

顧客の要求に何とか応じようとするのではなく、どうすれば従業員ファーストになるのか考える企業の方が、いろいろな意味において有利に働くのが今です。

もし個人としてカスハラにあうようなことがあったら、組織としてどのように対応すればよいかすぐにルールを決めてもらいましょう。

コロナ禍の中、リモートワークが進みました。政府は2021年1月の1都3県に対して緊急事態宣言を発出した時は在宅勤務を徹底し、出勤者の7割減を目標に掲げました。ところがその目標はなかなか届かないと言われました。

理由としては、リモートワークが物理的にできない現場仕事がある、リモートワーク体制を作ることが費用的に難しい中小企業が多い、今の評価体制ではリモートワークだと評価が難しい、セキュリティ上の理由といったものが挙げられています。

私はこれまでの昭和的な働き方を変えられない人が多いことが、リモートワークが進まない大きな壁になっていると考えています。

昭和的な働き方と言えば、根性論、精神論、長時間労働、終身雇用、年功序列といったものが特徴で、今の時代に合わない働き方と揶揄されるものです。まだまだ昭和的な働き方をしている人が多いのが実情です。

根性論が中心なので、暴言で圧力をかける、気合で何とかしろと無理強いをするといったことが慣習化していました。このような考えの下では、パワーハラスメント（以下、パワハラ）になるようなことが平気で行われるのでした。

アドバイザー的な存在として、定年を過ぎ

ても会社に関わっている人達の多くは、昭和型会社員です。この人達が言外に醸し出す雰囲気が、昭和的働き方を強要している場合も多いかもしれません。

また、こうした上司の影響を受けてきた今の40代の社員は、世の中が随分前から「昭和ではない」ことを十分に認識しておく必要があります。

## ●対処の基本「正しい知識を身につけ、屈しない心をつくる」

２０２０年6月、いわゆる改正パワハラ防止法が施行されました。この施行により、企業側にパワハラ防止の具体的な措置義務が課

せられました。大企業は２０２０年６月から、中小企業は２０２２年４月からの施行です。

パワハラについての大きな課題は、何がパワハラで、どうしたらパワハラにならないのか、その線引きが難しいと思われていることです。

厚生労働省は、職場におけるパワーハラスメントは、職場において行われる①優越的な関係を背景とした言動であって、②業務上必要かつ相当な範囲を超えたものにより、③労働者の就業環境が害されるものであり、①から③までの３つの要素を全て満たすものと定義をしています。

この定義だけでは個別事例についてパワハラかどうか判断できず、最終的には裁判によって白黒つけなければいけない側面があります。

私は２０１８年、厚生労働省の「職場のパワーハラスメント防止対策についての検討会」の委員を務めましたが、その過程で感じたことは、そもそもパワハラに関する知識が加害者側も被害者側もかなり低いことでした。

例えば、パワハラと認定されるためには先程の３つの条件を満たさなければならないのですが、単純に性格の不一致、コミュニケーションの行き違いだけだった場合もあれば、明らかにパワハラ行為であるのに、パワハラではないと我慢をし続けていたケースもあります。

まずは何をどうしたらパワハラになるのか、正しい知識を身につけることがパワハラから身を守るために必要です。

そして、パワハラを受けていると思えるようなものであれば、怒りに任せて行動するのではなく、アンガーマネジメントをした上で、冷静に正しい手続きをとって対処していくことです。

上司と話す、それで埒が明かなければ相談窓口に相談する。その上でできる最大限のことを淡々と進めていくことです。

怒りに我を忘れてもいけないですし、心が折れてもいけません。パワハラに屈しないためにも正しい知識とアンガーマネジメントを両輪にすることで、理不尽に屈せずに自分の権利のために戦うことができます。

会社の部長に
パワハラをうけていて
ご相談したいのですが

ケース4

# ご近所の迷惑高齢者に対して

ご近所トラブル問題はどこにでもありますし、ある意味とても厄介です。人間関係を特につくらなくていい対象とも言えますが、一方で物理的に距離が近いので、どうしても目に入ってきてしまいます。そのため放っておくこともできず、どうすればいいか迷うところです。

少し古いデータになりますが、２０１５年9月、日本最大級の不動産サイトＳＵＵＭＯが行った近隣トラブルに関する調査です（＊

3）。東名阪エリアに在住する20～50代の男女400名に「あなたは近隣の住人に対して、不満を感じることはありますか？」という質問をしたところ、「不満がある」と回答した人は33・8％にのぼりました。
　具体的にどんな不満を感じているのかでは、騒音45・9％、挨拶25・9％、車や駐車場の使い方21・5％、タバコのマナー19・3％、ペットや飼育のマナー14・8％、ゴミの分別や出し方13・3％と続きます。

　ご近所さんに恵まれれば、暮らしは快適になりますが、少しでも問題のある人だと、喉の奥に魚の骨がひっかかったように、ずっと何か違和感を感じながら、イライラしながら日常生活を送ることになり、大きなストレス

になることは間違いありません。

＊3　https://suumo.jp/journal/2015/09/16/97532/

## ●対処の基本「無関心や攻撃は事態を悪化させる」

ご近所トラブルというと、まずは下手に出てみて、それでもダメなら文句を言ってみるという流れになることが多いのではないでしょうか。もしくは、例えば騒音であれば、いつかそれが終わるのではないかと期待し、限界まで我慢し続ける人も多いのではないかと思います。

基本的にトラブルの中心にいる人は孤独な人です。それは家族がいても、訪問者がある場合でも関係ありません。人がどういうことに迷惑を感じるのか想像力に欠けているので、良好な人間関係をつくることができず、孤独にならざるを得なくなっています。

もしくは周りの人との人間関係が希薄なので、周りに迷惑をかけていることが実感をもってわかっていないのです。

こうした人に対して無関心でいること、攻撃することは禁物です。孤独感をより強め、今までの問題をさらにこじれさせます。

人には返報性《へんぽうせい》の原理が働くと考えられています。これは、人は他人から何らかの施しを受けた場合、お返しをしなければならないという心理が働くというものです。

ご近所トラブルを起こす人は、近隣住民と返報性の原理が悪い方に働いています。つまり、周りから敵意を送られていると思っているので、敵意を返しています。あるいは周りから無視されているから、こちらも周りを無視しているのです。

ではどうすればいいかと言えば、人は好意に対しては好意を返してくれることになるので、こちらから積極的に好意を向けるのです。大げさなことをする必要はまったくなく、単純に笑顔で挨拶をするだけです。この時、何の見返りも期待しない、ということは大切です。実は挨拶をしてくれない問題は先の調査では第2位になっていました。

私は朝夕の散歩が趣味ですが、すれ違う人全員に挨拶

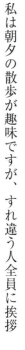

をします。挨拶し返してくれる人もいれば、無視する人もいます。でも、挨拶はこちらがしたいものであって、相手が同じように挨拶をしなければいけないものとは思っていません。

ただ、好意を振りまいていると、好意が返ってくることが多いことを実感として持っています。好意を向けたからといって、必ずしも報われるとは限りませんが、だからといって無関心や敵意を向けるよりは、はるかに問題を解決できる可能性が高くなります。

ケース5

# 折り合いの悪い義父母に対して

高齢の義父母との関係も大きなイライラ問題の一つです。義理とは言え、両親ではあるので大切にしたい、上手に付き合いたいという気持ちはあるものの、価値観の違いはもとより、歳を重ねるごとに強まるわがままさに辟易している自分もいます。

夫／妻は実家に対して強く言うことができないようで、義父母に会う時は孤立無援状態になり、孤独感、無力感が強まり、気持ちを強く持つのもいつまで頑張れるのだろうかと

思えます。

また、自分側に立ってくれないパートナーに対しても強い怒りを感じます。義父母のことがきっかけで、それまで上手くいっていた夫婦関係にヒビが入る可能性も多分にありそうです。

義父母を気持ちよく迎えられない自分の小ささにも罪悪感を感じてしまいます。その罪悪感に向き合いたくないので、ますます距離をとりたくなり、距離をとろうとするから、また上手くいかなくなるという悪循環にはまっている人が多くいます。

コロナ禍により、高齢者との接触を控えるようにお達しが出たことで、建前として帰省しなくてよくなったことに、実は胸をなでお

ろした人は少なくないのではないでしょうか。

## ●対処の基本「付き合い方を変える」

義理とはいえ、家族は仲良くしなければいけないと誰でも思っています。一方で何のわだかまりもなく義父母と仲良くできる人はそう多くありません。

日本では結婚となると、当人同士だけのものではなく、家同士のものと考えられている節があります。だから、結婚するからには義父母とも何がなんでも仲良くしなければいけないと思いつつ、仲良くできないことで、自分を責めたり、パートナーと仲違いをしてしまう人が後を絶ちません。

こうした自分や周りの人を苦しませる思い込みを、アンガーマネジメントでは「不毛なコアビリーフ」と呼んでいます。コアビリーフは「自分の心の中にある辞書のようなもの」です。何が正しいのか判断する時の拠り所になっているものです。

不毛というのは、そう思っていてもどうしようもないということです。「それを信じていることで自分だけではなく、周りの人も不幸にするようなもの」を言います。

もしあなたが義父母とは自分を犠牲にしてまでも仲良くしなければいけないと思い、それによって不幸なことを招いてしまっているのであれば、自分の気持ちが少しでも楽になるように義父母との付き合い方を変えていきましょう。

例えば、1ヶ月に一度必ず義父母が訪ねてくるようであれば、何か理由をつけてそれを2ヶ月か3ヶ月に一度にできないか話をしてみます。あるいは、1ヶ月に一度の頻度が変えられないのであれば、2ヶ月に一度は自分は不在にして、パートナーに親孝行を任せるようにします。

自分の子供（義父母にとっての孫）への口出しについて、勉強のことは何を言っても構わないが、食事のことについては口を出さないようにしてもらう等、関わってもいいこと、関わってほしくないことを明確に線を引いて伝えてみましょう。

その際、どんな理由をつけたところで義父母が納得するようなものにはならないので、正直に自分の方針としてそうして欲しいと「リクエストを伝える」のです。

義父母との関係を全部まるごとうまくいかせようとするのではなく、うまくいきそうなこと、うまくいかないことの線を引きます。その上でうまくいくことを増やすことだけを考えます。

ポイントはできないことをできるようにするのではなく、「うまくいくことを増やす」です。その方が心理的ハードルを低くして取り組むことができるからです。

ケース6

# 認知症で介護が必要な親に対して

国民の４人に１人が65歳以上となり、超高齢化社会を迎えている日本において親の介護問題は多くの人にとって避けては通れない道です。超高齢化社会では認知症も切っても切れない問題になります。

平成29年度の高齢者白書によると、２０１２年の認知症患者数は高齢者の約15％で約４６２万人と推計されています。また、２０２５年には高齢者の約20％、約７００万人の人が認知症になるという推計もあります。

つまり高齢者の5人に1人が認知症になることを意味していています。

認知症を患った親の介護では、介護する側もされる側もお互いに大きな怒りの渦の中にいる時間が長くなってしまいます。

私自身、今年50歳になり、そう遠くないうちに介護が始まると心の準備をしています。心の準備はしていますが、いざ自分がそうなった時に一体どれくらいのことができるのか正直不安を感じています。

実際そうなったら、自分のアンガーマネジメント力を日々問われることになると身構えている自分がいます。

## ●対処の基本「一人で抱え込まない」

肉親へのアンガーマネジメントは最も難しい問題です。肉親だからこそのあまえがあります。これくらいわかってもらえるだろう、これくらいできるだろう、等々。

怒りは身近な対象に程強くなる性質があります。まっ

たくの他人に怒りをぶつけてもどうしようもないことも多々ありますが、身近な人であれば言うことを聞いて欲しいという思いが強くなるからです。

第1章で触れたように介護される親側は認知能力が低下していることもあり、怒りの感情をコントロールすることが苦手になります。すると、親切心、心配から一生懸命介護する子供に辛辣な怒りをぶつけることもしばしばです。

もともと怒りっぽかった親であれば、ショックはそれほどでもないかもしれませんが、若い頃は本当に温和だった親が怒りに任せて暴言を吐くようになった姿にショックを受け、心が折れてしまう人もいます。

肉親へのアンガーマネジメントは本当に難しいものです。ですから、早くに専門家や人を頼る選択をしましょう。自分の親だからどうにかして自分で面倒を見ようと、一人で頑張っていては早晩倒れることは目に見えています。

介護する側が倒れてしまったら、介護される側の行き先もどうにもならなくなってしまいますので、介護する側が元気でいることがとても大切です。

介護保険の申請から始めることになる人が多いと思いますが、自治体の職員と相談して、ケアプランを立てていきましょう。こうした行政的な手続きは専門家に頼りながら進めていけばよいのですが、介護する側の心のケアをどうするかは忘れてはいけない点です。

仮に介護そのものは誰かにお願いできたり、自分の負担は軽いものであったとしても、心の負担はずっと重いままです。そんな時、介護の苦労に共感してくれる人がいたり、悩み事を相談できる相手がいることは心の健康のために必要です。

アンガーマネジメントは習えば自分でもできるものですが、周りで一緒にアンガーマネジメントに取り組んでいる仲間がいれば、とても心強いです。

行政やプロの力を借りる、共感してもらえる相談できる相手を探す。決して一人で抱え込まないようにすることです。

# 4章

# 老害になる人、ならない人

## ○あなたの中の老害因子

「老害」とは何ともきつい言葉です。自分が老害と呼ばれるようになるとは思いたくもありませんし、自分がそうなるとは若い頃は誰も思っていないでしょう。

私が若い頃は、上の世代を見ながら、「なんて頭の硬い人たちが多いのだろう。自分は絶対にこうにはならない」と思ったものでした。私はまだ高齢者ではありませんが、若い世代からすれば老害と呼ばれる年代にはなっていると思います。

果たして自分は老害と呼ばれるようになってしまっているのか、はたまたまだそうはな

らずに済んでいるのか、いつも自分で確認しなければいけないと自分に言い聞かせているところです。

老害と聞くとどのようなイメージを持つでしょうか。改めて「老害」を辞書で引いてみるとこうあります。

●自分が老いたのに気づかず（気をとめず）、まわりの若手の活躍を妨げて生ずる害悪。（Oxford Languages）

●企業や政党などで中心人物が高齢化しても実権を握りつづけ、若返りが行われていない状態。（デジタル大辞泉）

●組織や社会で幅を利かせすぎて言動が疎まれる高齢者、あるいは、傍若無人な振る舞

いによって若者に必要以上の負担や迷惑をかけている高齢者などを指す表現。ひらたく言えば迷惑な老人を侮蔑交じりに指す表現。（新語時事用語辞典）

意味としては次の2つを指しています。

**1．若者の活躍を邪魔する高齢者**
**2．そうした高齢者がはびこる状態**

若者の活躍を邪魔する高齢者は個人ですが、その個人が集まることで若者の活躍を邪魔する状態が出来上がっていると考えられます。

後者について言えば、若者が老害と呼ばれる高齢者に関わるのが面倒くさいとなってし

まって、そうした高齢者がはびこることを受け入れている側面もありそうです。

日本の政治がまさにこうした状況になっているのではないでしょうか。シルバー民主主義とも言われるほど、日本の政治は高齢者の方を向いていると言われています。それは若者に比べて高齢者の投票率が高く、政治家にとっては高齢者の方が若い世代より大切にしたい層になっているからです。若者の投票率が上がれば、政治家も若者に目を向けざるを得なくなるのですが、なかなかそうならないので、高齢者優遇の政策が続くことになります。これからの国の行く末を考えたら、現役世代やこれから社会を担う世代に手厚くした方が良いと思うのですが、今の政治の仕組み的には、なかなかそうはなりそうもないのがなんとも残念なところです。日本の政治環境が老害になっていて救いようがないとは言いませんが、高齢者の意見を通りやすくしてしまっていることの責任の一端は、若者側にもあるということも否めません。

さて、ではどのような人が老害と呼ばれる人物になるのでしょうか。老害になる人が本来穏やかな人であるとは思えません。何らかの怒りの問題を抱えているからこそ、その怒りを老害になるように発露させていると考えられます。

第1章で高齢者が怒りっぽくなる個人的な理由のキーワードとして「執着」「孤独感」

「自己顕示欲」の3つを挙げました。本章ではこの3つのキーワードをもう少し深く見ていくことにしましょう。ここではセルフチェックという方法を取っていきます。今はまだ年齢的に老害になり得ない人でも、すでにその萌芽が現れている可能性があります。老害が発生するメカニズムを来るべき自分のこととして理解することは、困った高齢者の内実をより正確に把握するとともに、自分自身を予測するきっかけにもなります。

# ○ 執着

まずはあなたの「執着度」をセルフチェックしましょう。次の質問で当てはまると思うものにチェックをして下さい。少しでも当てはまると思ったら、当てはまると回答して下さい。あまり深く考えず直感的に答えて下さい。

● あなたの「執着度」チェック

- □ 自分はいろいろとこだわりがある方だ
- □ 物を大切にする方だ
- □ 毎日のルーチンがある
- □ 新しいこと、経験のないことに取り組むのは苦手だ
- □ 変化に富んだ毎日よりも、安定した毎日の方が生きやすいと思う
- □ 生活空間にこだわりのあるものを置いている

□ 昔から憧れているものが変わらずにある
□ 思い出の品は捨てられない
□ 苦労して手に入れた物事は簡単に手放せないと思う
□ どちらかというと物が多い方だ

● あなたの「執着度」結果

↓0～2個のチェックがついた人：執着度が低い人
↓3～4個のチェックがついた人：執着度がやや低い人
↓5～7個のチェックがついた人：執着度がやや高い人
↓8個以上のチェックがついた人：執着度が高い人

第1章で見た通り、執着の意味は「一つのことに心をとらわれて、そこから離れられないこと」でした。

執着の強い人は、守りたいもの、大切にしたいことが多い人です。守るものが多い人は、それを守るために防衛感情である怒りを発動する機会が増えます。すると傍から見れば、いつも怒っている人のように思われることになります。そして、執着度の高い人は老害になりやすい人といえるでしょう。

どれくらいの執着度があるかについては、執着している数とそれへの強さによって測ることができます。執着度は次の図のようになります。

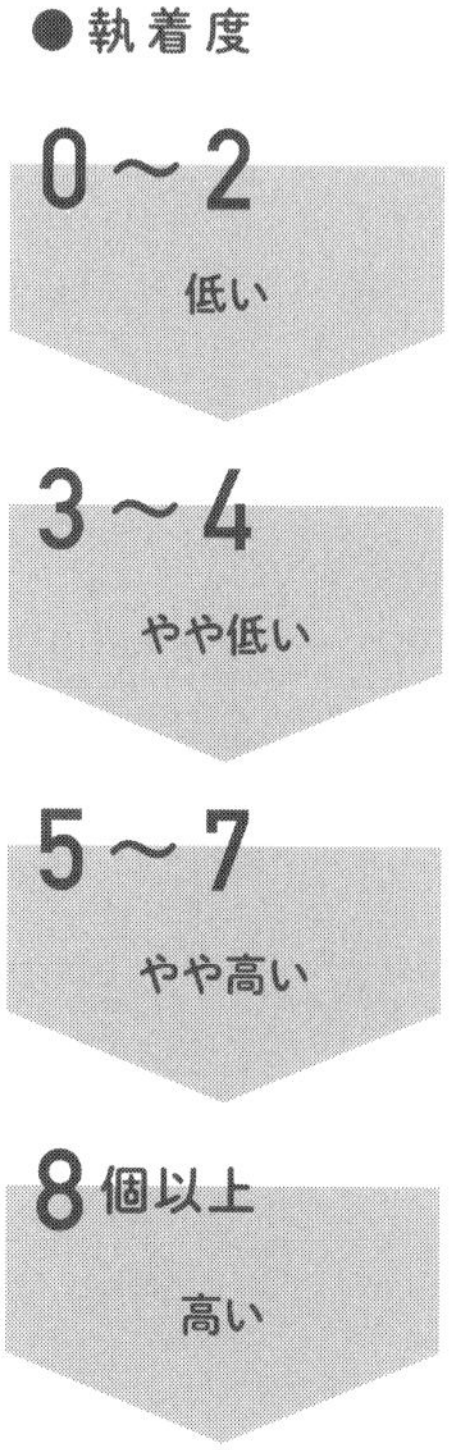

## 執着度

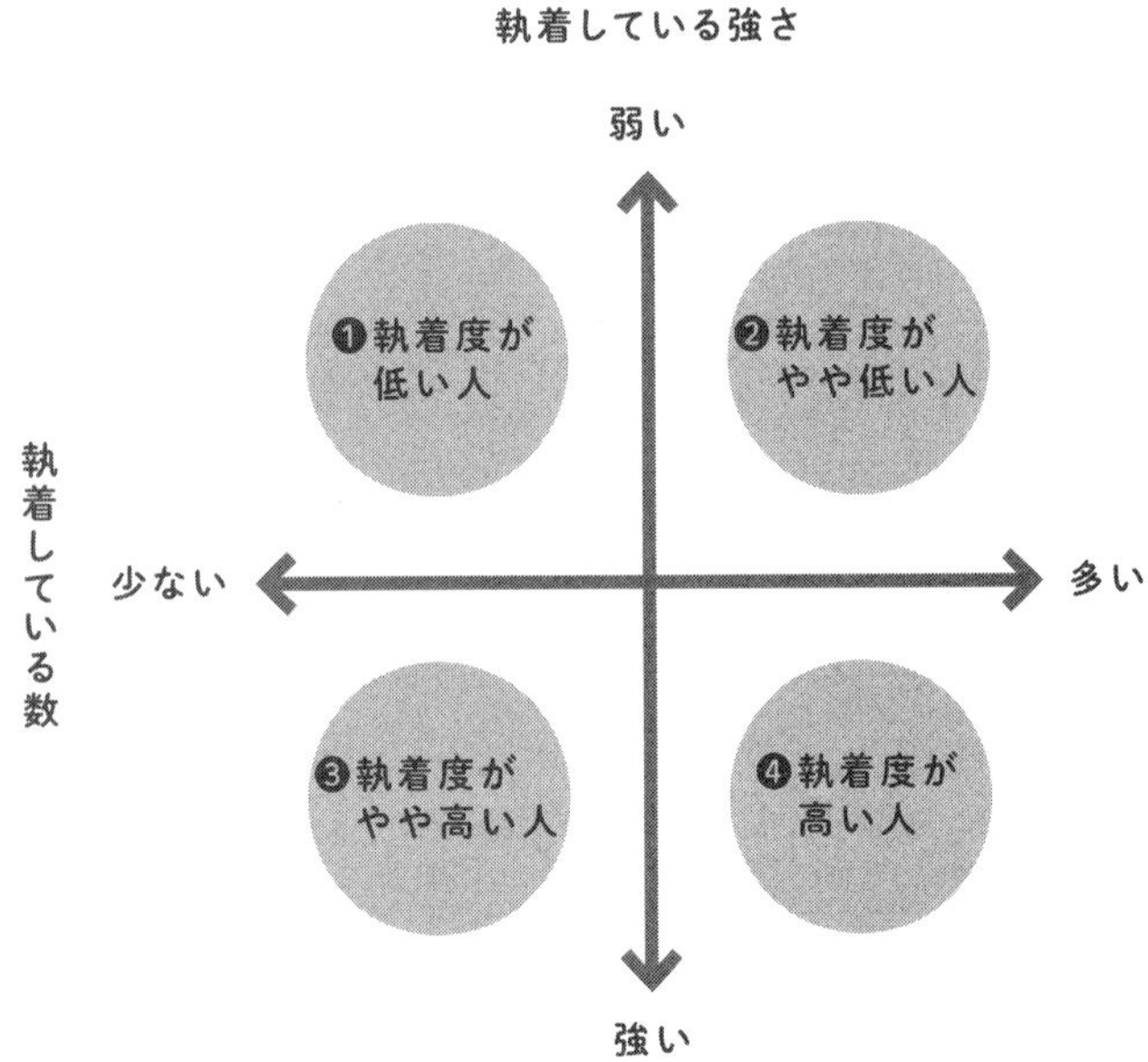
執着している強さ
弱い
強い
執着している数
少ない
多い
❶執着度が低い人
❷執着度がやや低い人
❸執着度がやや高い人
❹執着度が高い人

執着している物事の数が多い人は、いろいろなことにしがみついています。それは例えば趣味で買い集めているコレクションといったものから、学歴、肩書、立場、住んでいる土地、評判等まで多岐にわたります。

逆に執着している物事が少ない人は、様々なことへのこだわりがあまりない人です。物事へのこだわりはあまりなく、代わりがあれば何でもよいと思っています。もしくは自分にとって大切なものを理解しているので、多くの物事に目が向きません。

執着の強弱は、その物事を簡単に手放すことができるかどうかで判断できます。執着の強い人はその物事への思い入れが強く、それを手放すことが難しい人です。

執着は「こだわり」とも言えます。自分がしていること、持っていることの価値に敏感です。どういうものに価値があるのかないのか、自分なりの審美眼を大切にしているとも言えます。

執着が強くなる物事の特徴としては、苦労して手に入れた、なかなか手に入れがたい、ずっと欲しかった、憧れだった、自分の価値を上げてくれると信じている、自分にとって価値があるはずと信じている、といったことが挙げられます。

それは時に経済的に価値があることもあれば、社会的には価値がないものの、自分にとってはものすごく価値がある場合もあります。

例えば苦労してやっと手に入れた役職は、その会社の中やステータスという意味では価値があります。高価な家、車、時計といったものも経済的に価値のあるものです。

一方で子供の頃から欲しかった、今では型落ちとなり中古車市場でも安く売っているような車であれば、それは経済的な価値はありませんが、少なくとも自分にとってはそれを持つことに意味があるということになります。

執着が弱いということは、それを簡単に手放すことができます。その物事に思い入れは特になく、どうしても手に入れたいと思っているといったこともなく、たまたま持っているといった感覚です。なくてもいいし、他の

もので置き換えがきくと、心のどこかで思っています。

執着度合いには116ページの図から4つのタイプがあることがわかります。それぞれの特徴を見ていきましょう。

❶執着度が低い人
❷執着度がやや低い人
❸執着度がやや高い人
❹執着度が高い人

### ❶執着度が低い人

執着度が低い人は執着する物事の数が少なく、それらの物事に囚われていません。今手に入れているもの、手元にあるものが他のものに取って代わったとしても特に違和感を感じませんし嫌だとも思いません。割と何でもすぐに手放すことができます。

このタイプの人は老害にはなりません。自分の考え、経験などにも執着しないので、若い世代の考え方、やり方を受け入れることが容易にできます。

執着度が低い人は自分なりのこだわりがない人なので、ある意味自分の意見がない人とも言えます。

例えば、選択肢AよりもBの方がいいですよと言われれば、言われた通りに特に理由もなくBを選んでしまうことがあります。

執着がないことは、このように人の意見に左右されやすい側面があります。

### ❷執着度がやや低い人

執着度がやや低い人は物事について何となく多くのこだわりがあります。ただ、それぞれの物事への執着はそれほど強いものではありません。

このタイプの人は情報収集が得意なので、いろいろな物事に目がいきます。ただそれらについて判断できるほどの知見を持ち合わせていないので、それほどには執着することがありません。

執着度がやや低い人は老害になる可能性は低いです。物事について何が良い、悪いとい

った情報を一通り仕入れてはいますが、それに執着しているわけではないので、若い世代との間で衝突をする可能性が低いからです。

ただ、多くの物事に目が向いているので、自分が物知りであり、世間的に常識的であるという自負があります。

自分のことを「幅広い見方ができ、寛容な人間である」と考えているので、若い世代から狭量と思われるようなことがあると「心外だ」と強く怒りを発します。

執着度が低い人、やや低い人は、自分にとって本当に大切な物事を見逃している、あるいは目をつぶっている可能性があります。

怒りは自分が大切にしている物事への防衛感情ですから、大切にしている物事があまりなければ、それらが危険な目にあうとしても怒りをもって守ろうとしません。

本当に大切にしている物事がなければよいのですが、何かの理由でその気持ちを押し込んでいると、ある日突然そのことに気づいて、大きな後悔を感じたり、怒りを感じたりすることがあります。自分が本当のところどう考えているのか、向き合うことを忘れないでおきましょう。

### ❸ 執着度がやや高い人

執着度がやや高い人は執着している物事の数は多くはありませんが、これだけは譲れない、譲りたくない、あるいは放せない、放したくない物事が少しある人です。一般的に言えば、多くの人はこの執着度がやや高い人に当てはまるでしょう。

このタイプの人は一歩間違うと老害になってしまう、老害予備軍と言えます。ほとんどのことについてあまりこだわりはないのですが、自分がこれだと思うものについてはとても大切にしています。

大概のことは許せるのですが、その大切な物事について何かあった時だけは強く怒りを持ちます。その強く怒りを持った時に適切に行動できればよいのですが、そこを間違ってしまうと老害になり得ます。

執着している物事は実に人によって様々です。

例えば、食事に執着している例としては菜食主義、有機栽培のものだけを食べる、ジャンクフードは食べない、冷凍食品は食べない、好きなものしか食べない、毎日同じものだけを食べるといった例が挙げられます。食事に対する執着は意外と多いものです。

余談ですが、2021年1月のアメリカ議会乱入事件で逮捕されたジェイコブ・アンソニー・チャンスリー容疑者（毛皮とツノ姿と赤と青のフェイスペイントで乱入した人と言えば思い浮かぶでしょうか）はオーガニック食品しか食べないので、勾留中に食事がとれないと報じられました。どのような理由かはわかりませんが、勾留所での食事を絶対にとらないことには非常に大きな執着があると言えます。

大切にしているものが何もない、執着しているものが何もないというのは不自然です。ですから、自分なりに大切にしている物事が

あるのは悪いことではありません。

ただ、その執着が度を超えているような場合は問題です。航空会社からマスクの着用を求められ、それを断りトラブルになり、結果的に逮捕された人がいました。彼は何かしらの「権利を主張する」ということに執着していました。おそらくマスクをしないことの自由だと思われるのですが、その執着、そしてその執着からくる行動により結局は逮捕されました。逮捕され、職場から契約も打ち切られたことも報じられました。度を超えた執着により、社会的信用を失い、職まで失ったのですから、その執着は本人にとっても、周りの人にとっても長期的に見た時に健康的なものにはなっていなかったと言えます。

特定の物事に執着があるのは自然なことです。ただ、その執着の度合いが第2章で説明したアンガーマネジメントのビッグクエスチョンに照らし合わせて、合っていないようなものであるならば見直した方が良いでしょう。

## ❹執着度が高い人

執着度が高い人はとても多くの物事に執着し、またその度合が強い人です。人間の時間、エネルギーは有限です。本来はそれほど多くのことに執着することは、物理的にとても難しいことです。そもそもそんなに多くのことに強く執着していたら、毎日疲れて仕方がありません。

それだけ多くのことに強く執着できるということは、逆に言えば、自分が本当に大切にしている物事が何なのか自分で理解していないことのあらわれです。そのため、あれもこれも自分が大切にしているものと自分で思い込んでしまっているのです。

このタイプの人はそもそもそれほど数は多くありませんが、もし身近にいれば間違いなく老害になる人です。多くのことに強く執着しているということは、それだけ多くの物事を守ろうと24時間臨戦態勢でいることです。そんな生き方は息苦しくて仕方がありません。その息苦しさがライターのガスとなり、怒りの炎をいつも大きく燃え上がらせているのです。

ここで自分が執着している物事の数、またその物事への執着の度合いを改めて整理してみましょう。整理するには次の表を使うと効果的です。

自分が執着しているかどうか見分けるのは簡単です。今持っている物、肩書、役職、立場、考え方、手に入れたもの、住んでいる場所等々思い浮かべ、それを手放すことがどれくらい難しいかを考えることです。

| 執着している物事 | 執着の度合い、理由<br>（５段階で５を一番執着が強いとする） |
| --- | --- |
| 例：今住んでいる家 | 1<br>居心地は良いが、賃貸なので他のところにも引っ越してみたいから。 |
| 例：仕事に対する考え方 | 4<br>自分がここまでやってこれたのは今の考え方があると思うから。 |

## ○孤独感

今度はあなたの「孤独感度」をセルフチェックしましょう。次の質問で当てはまると思うものにチェックをして下さい。少しでも当てはまると思ったら、当てはまると回答して下さい。あまり深く考えず直感的に答えて下さい。

### ●あなたの「孤独感度」チェック

- □心を許せる人が少ないと思う
- □一人で時間を過ごすことが苦手だ
- □気が休まる時、場所があまりない
- □自分は孤独だと感じることがある
- □人に話を聞いて欲しいと思うことがある
- □友達は多い方が良いと思っている

□ なんだか寂しいと思うことがある

□ SNSを見ている時間は長いと思う

□ 意見が通らない、聞いてもらえていないと感じることがある

□ より多くの人に好かれたいと思っている

● あなたの「孤独感度」結果

↓0～2個のチェックがついた人：孤独感の小さい人

↓3～4個のチェックがついた人：孤独感のやや小さい人

↓5～7個のチェックがついた人：孤独感のやや大きい人

↓8個以上のチェックがついた人：孤独感の大きい人

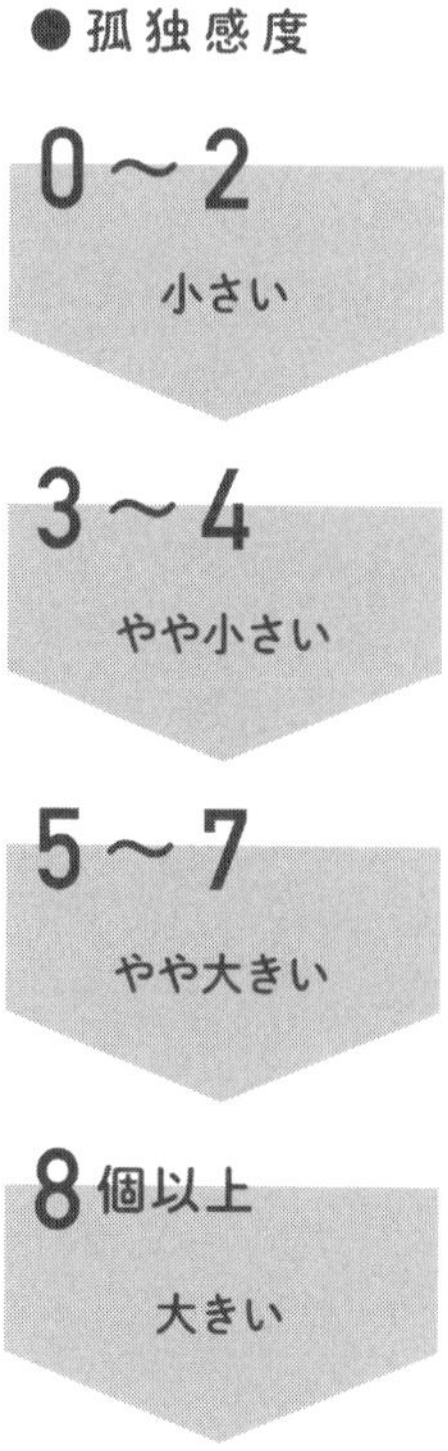


第1章で説明したように孤独感は怒りのライターのガスになります。孤独感が大きい人はガスをたくさん持っている人ですので、怒りの炎は大きくなります。また孤独感が大きい人は、人と関わることで孤独感は小さくなると思っています。そのため関わる必要のないことにまでいちいち首をつっこもうとします。

すると若い世代からすれば、あの人は関係ないのになぜか邪魔してくる老害と見られるようになってしまうのです。

孤独感は求めている人間関係の幅と深さで示すことができます。

求めている人間関係の幅が広いということは、多くの人とつながりたい、みんなと一緒

## 孤独感

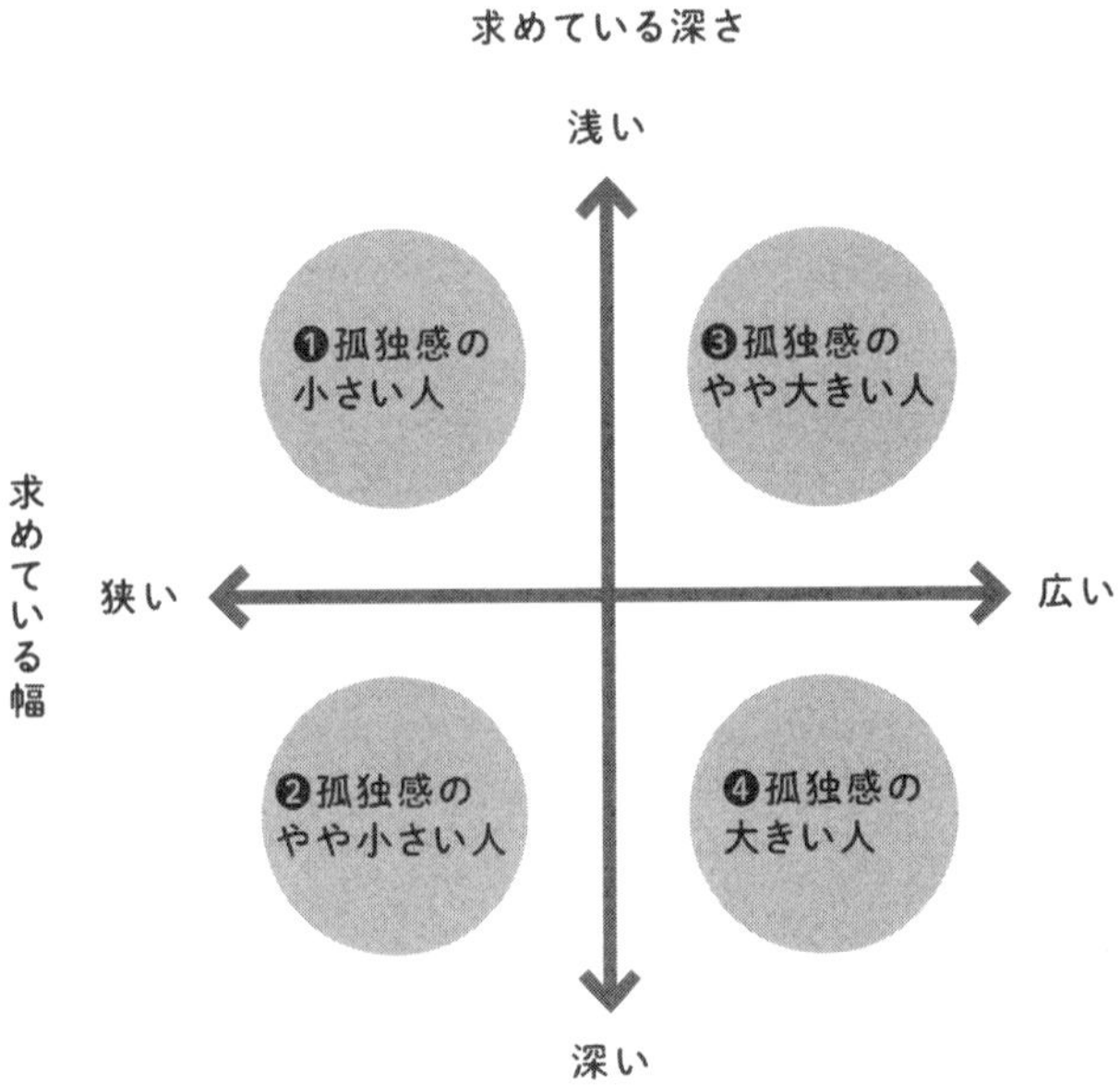

求めている深さ
浅い
深い
求めている幅
狭い
広い
❶孤独感の小さい人
❷孤独感のやや小さい人
❸孤独感のやや大きい人
❹孤独感の大きい人

にいたいと考えているということです。

ところで人は一体、何人くらいの人と人間関係をつくることができるのでしょうか。予防医学者の石川善樹氏は人間関係について『つながりにおける「3倍の法則」』を説明しています（＊1）。それは下の図のとおりです。

まず5000人が直接民主主義の限界と言われる人数です。これは一人の人間で民主的に組織を運営できる限界と言えます。実はFacebookの友達の上限数は5000人なのですが、同氏はその人数はおそらくここから来ているのではないかと推測しています。

●つながりにおける「3倍の法則」

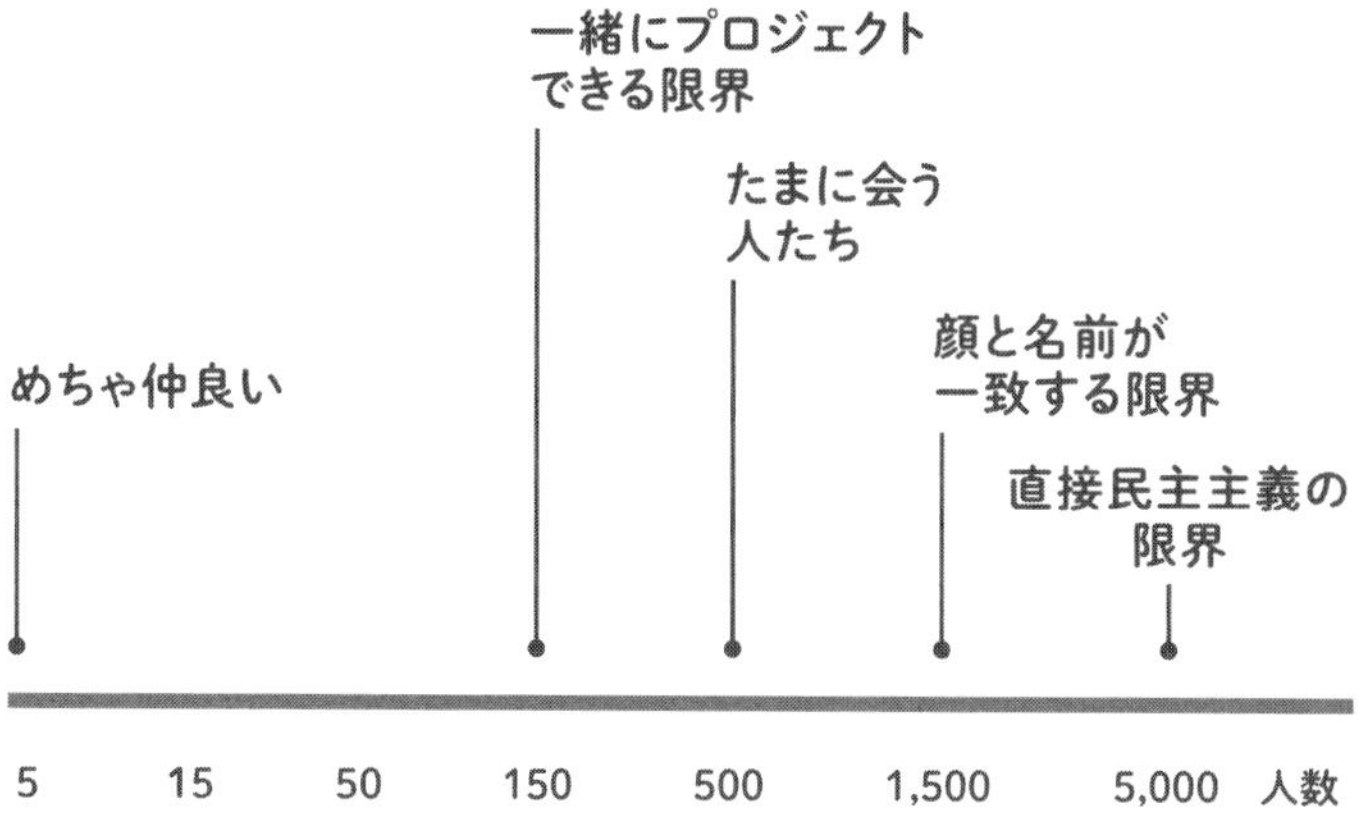


＊1　https://seek8.biz/?p=377

そして顔と名前が一致する限界が1500人。500人がたまに会う友達で、150人が一緒にプロジェクトができる限界。例えば、古代ローマ軍は150人を超えると部隊を2つに分けていたそうです。

そして本当に仲が良い人は5人くらいと説明をしています。この5人はFacebookの研究から本当にやりとりをしているのは大体5人くらいになるとのことです。

人の歴史は共同体として上手くいったからこそ今の発展につながっています。人の進化戦略として共同体で発展することはいわばDNAに刷り込まれています。ですから、人は基本的にコミュニティを求める生き物と言ってても過言ではないでしょう。なぜならそれ

が生物として上手くいく方法だと深く刻まれているからです。

ただ、共同体と言っても人間関係をつくれる人数には自ずから限界があります。多くの人とつながりたい、皆と人間関係をつくりたいというのは、一見すると健全なことのようにも思えますが、人間の能力としてそれは現実的には難しいと言えます。

では、人間関係の幅を求めている人は一体どれくらいの人数を望んでいるのでしょうか。人間関係の幅を広げるために人脈づくりが大切とはまことしやかに言われていることですが、実際のところ何人とつながればよいのでしょうか。人間関係の幅を広く求めることには限界があり、広くすればそれぞれの人との関係性が弱くなることは必至です。

一方で人間関係に幅を求めていない人もいます。このタイプは少人数の打ち解ける仲間とさえ一緒にいられればいいと考えています。この考え方の問題点は、その小さなコミュニティに居場所がなくなった時に、もしくはその人間関係がなくなってしまった時に、どこにも居場所がなくなってしまうことです。

例えば、小さな村で暮らしていたとして、その村で村八分にでもなってしまえば、他に拠り所になるコミュニティがありません。これは、幅の狭い人間関係では往々にして起き得る問題と言えます。

人間関係に深さを求める人は、相手に自分のことを深く理解してもらい、受け入れて欲しいと思っています。お互いに深い信頼関係をつくりたいと考えています。深い人間関係は大切なものです。大切なものが脅かされるようなことがあれば怒りを持って守ろうとします。深い人間関係を求める人はその過程で、深い人間関係を求める相手との間に、怒りの火種を知らず知らずのうちに抱えることになるのです。

見ず知らずの人から裏切られるようなことがあったとしても、相手のことを大して知らないのですからショックは大きくはなりません。一方で信頼していると思っていた相手から裏切られるようなことがあれば、ショックを受けるどころの話ではないでしょう。どうしてそんな酷い仕打ちをするのかと、非常に強い怒りを持つことになります。

骨肉の争いとは家族や血縁者との間での争いのことを言いますが、そこにはとても強い怒りがあることを私達は知っています。肉親に対するアンガーマネジメントが最も難しいと言われる所以は、家族だからこそ信頼できる、理解してもらえる、受け入れてくれるはずという人間関係に求める深さに

関係しています。

深い人間関係をつくることはその過程で大変な労力がかかります。信頼関係は一朝一夕ではつくれないからです。その過程で疲れてしまい嫌になってしまう人もいます。

また深い人間関係をつくってしまったがために嫌な思いをしたり、傷つくこともあります。例えば本当に大好きな恋人ができたとして、その人と信頼関係が壊れるようなことがあり、もうこうしたことは懲り懲りだとなってしまうことです。こうした経験を経て深い人付き合いはしたくないと思っている人、人間関係は疲れるもの、煩わしいものと考えている人は一定数います。

なんで
わからないんだ!
そっちこそ
わかってよ!
家族だからこそ
受け入れてくれるはず…

積極的に人間関係をつくらないことと、人間関係をつくることに消極的になることは違います。積極的に人間関係をつくらない人は、一人でいても孤独感に悩まない人です。人間関係に深さを求めないということは、誰とも深く関わることなく、当たり障りのない人間関係でいい、その方が楽と考えている側面があります。一方で人間関係をつくることに消極的な人は、人と関係をつくりたいのに繋がらない、繋がれないということで孤独感を持ってしまいます。

孤独には4つのタイプがありました（130ページ）。

❶ 孤独感の小さい人
❷ 孤独感のやや小さい人
❸ 孤独感のやや大きい人
❹ 孤独感の大きい人

## ❶ 孤独感の小さい人

孤独感が小さい人は多くの人との人間関係は求めず、またそれぞれの人とそれほど深い関係になりたいと考えていません。このタイプは人間関係が希薄なので老害になることはありません。老害になり得るにはある程度そこに人間関係がないと始まらないからです。

ただ、前述したように本当に自ら積極的に人と関わらないで生きていくと考えているのか、あるいは人付き合いに疲れてしまったけれど心の奥底では人に理解されたい、受け入れられたいと思っているかによって異なります。後者の場合は孤独感は小さくありません。本当は人間関係を望んでいるにも関わらず、それができていないのであれば健全とは言えません。

人間関係に疲れてしまった人が再び人間関係をつくり上げていくことはとても難しく、心に痛みを伴うことになりますが、そこから目を逸してしまえば、これから先もずっと解消しきれない孤独感に悩み続けることになります。

## ❷ 孤独感のやや小さい人

孤独感のやや小さい人は多くの人との関係は望んでなく、ごく親しい一部の人達と関係がつくれ、受け入れてもらえれば十分と考えています。そしてその関係が上手くいっている間は孤独感をそれほど感じることはありません。居心地の良い場所、居心地の良い仲間、家族とともにいることに幸せを感じています。

先に書いた通り、このタイプの人間関係の問題点は、「その人間関係がなくなった時に強い孤独感を持つこと」にあります。例えば、家族だけが自分の心が休まる場所、パートナーとの関係だけで十分と思っていた人がパートナーを失ってしまった時にはどうしようもない孤独を感じてしまいます。

高齢になると人間関係の幅は狭まります。それは体力的に多くの人と付き合えなくなることも大きな理由の一つです。パートナーを失った高齢者が途端に元気をなくしてしまうということがよくあります。これはまさに幅の狭い人間関係の中で生きているからです。

パートナーの代わりになるような人はいませんが、その喪失を埋めてくれるような、あるいはサポートしてくれるような人間関係がないと、ぽっかりと心に開いた穴はどうにも埋めることができなくなります。

限られた人との深い関係を築くことはとても意味のあることですが、一方でそうした人を失った時にやってくる孤独感に備えておく必要があることは、覚悟しておかなければ

ばいけないでしょう。

## ❸ 孤独感のやや大きい人

孤独感がやや大きい人は多くの人とつながりたいとは思いつつも、それぞれの人とそれほど深い関係にならなくてもいいと考えています。友達の多さ、知り合いの多さが、自分の価値を作ると考えているところがあります。

多くの人に受け入れられて、でも受け入れられる程度はほどほどでいいというのは、いわばアイドルのような存在を目指しているようなものです。

アイドル以外で、普段の生活の中でアイドルを目指そうとしている人はそうそういないとは思いますが、インフルエンサーはネット界のアイドルのようなものと言えますので、今は人気者になろうとする人は思いの外多いのかもしれません。

またSNS全盛の時代によく見るようになったタイプとも言え

そうです。SNSは友達を広く浅くつくるのに適しているからです。例えばFacebookでも友達限界の5000人まで増やすことに腐心している人がいます。

先程の石川氏の法則では1500人が顔と名前が一致する限界ですから、5000人の友達といっても実際に名前と顔が一致することはなさそうです。そもそもFacebookで友達になっているからといって、本当の友達とは誰も思っていません。

このタイプの人は自分の投稿にどれくらいの「いいね」がされたかも気にしています。友達の数と同様に「いいね」の数も自分の価値を表すものと考えているからです。SNSで「いいね」をもらったからといって、それが人間関係の深さを表すことにはなりません。むしろ儀礼的に「いいね」を押している人も多いでしょう。いわば「いいね」は浅い人間関係同士でのやりとりです。ですが、孤独感のやや高い人は多くの人からの意味の浅い「いいね」を欲しがります。一人の人から深く「いいね」をされることよりも、「いいね」の数の方が自分にとっては価値があるのです。多くの人に「いいね」を求め、その数を気にする人はいつも誰かから「いいね」を押されていないと気が済みません。また他の人がどれくらいの数の「いいね」をされているのかも気になります。

SNSの中で多くの人とのつながり、「いいね」を求めているくらいであれば特に大きな問題になることはないとは思います。しかし、多くの人が日々の「いいね」の数に一喜一憂し、そのことによって心が蝕まれているからＳＮＳ疲れといった言葉も生まれています。

多くの人に何かを求めることは、こちらの期待に応えてくれない数も増えることになります。そうなれば怒りを感じる回数も増えます。

どれくらいの数の人に受け入れられたら気が済むのかについて考えることは、孤独感を見つめる上でとても大切なことです。数で孤独感を埋められると考えている人は、ずっと数を追い求め続けます。数に上限はありません。上限がないものを追い求めてもキリがなく疲れるだけです。

もしくは自分の無力感にいずれ気づき、数を追求するのを止めてしまうかもしれません。そうなれば孤独感はますます強くなるでしょう。「孤独感は数では埋められないもの」と理解することが必要です。

## ❹ 孤独感の大きい人

孤独感の大きい人は人間関係も幅広く求め、その人達皆と深い関係になり、あらゆる場所で受け入れてもらうことを求めています。

誰からも、どのような場所でも受け入れてもらえる存在になることは、相当にハードルが高いことです。歴史上のどんな偉人であっても敵対する人はいました。また時には迫害を受けたりもしています。偉人だからこそ毒にも薬にもなるので、そうしたことが起こるとも言えそうです。

では一般人はどうかと言えば、多くの人や場所にとって毒にも薬にもならないことが多いので、そこにいてもらわなくていい、あえて居場所をつくる必要がない人とも思われます。

私達は子供の頃から「皆と仲良くしましょう」と教わります。確かに誰とでも仲良くすることはとても望ましいことです。ただ、実際のところ本当に誰とでも仲良くすることは骨が折れます。

大人になってから思うことは、「そうは言っても付き合いにくい人とは適当に距離をとる方が現実的」です。

皆と仲良くしなければいけない、皆に好かれなくてはいけない、皆に受け入れてもらわなければいけないというのは、不毛なコアビリーフになりえる代表的なものです。

こうしたコアビリーフに囚われていると、一部の人から受け入れられたとしても、まだ足りない、十分ではない、自分は皆に受け入れられていないと孤独感を強めてしまいます。

自分は一体誰に、どこまで受け入れられたいのでしょうか。そこが自分で理解できないと、皆に受け入れられなければ気がすまないという、終わりのない旅を続けることになります。


あなたが孤独感を感じる時、次の質問を自分にしてみてください。自分が本当のところ人間関係に何を求めているのか見えてくるでしょう。

・あなたはどんな時に孤独感を感じますか?
・それは人間関係の幅からくる問題でしょうか?
・それとも深さからくる問題でしょうか?

## ○自己顕示欲

最後はあなたの「自己顕示欲度」をセルフチェックしましょう。次の質問で当てはまると思うものにチェックをして下さい。少しでも当てはまると思ったら、当てはまると回答して下さい。あまり深く考えず直感的に答えて下さい。

### ●あなたの「自己顕示欲度」チェック

- □自分の意見を言うことにためらいを感じない方だ
- □お節介と言われたこと、或いは思われたことがある
- □会議、会合といった場ではよく発言する方だ
- □ニュースなどを見ていると、この人わかってないんだろうなと思うことがある
- □知っていることがあるなら教えてあげたいと思う
- □目立つことは恥ずかしいことではないと思う

□ いつでも誰かの役に立ちたいと思う
□ 間違っていることをしている人を見ていると正してあげたいと思う
□ 自分なりに得意としていることがある
□ 人の役に立ちたいと強く思う

● あなたの「自己顕示欲度」結果

↓0〜2個のチェックがついた人：自己顕示欲の小さい人
↓3〜4個のチェックがついた人：自己顕示欲のやや小さい人
↓5〜7個のチェックがついた人：自己顕示欲のやや大きい人
↓8個以上のチェックがついた人：自己顕示欲の大きい人

●自己顕示欲度

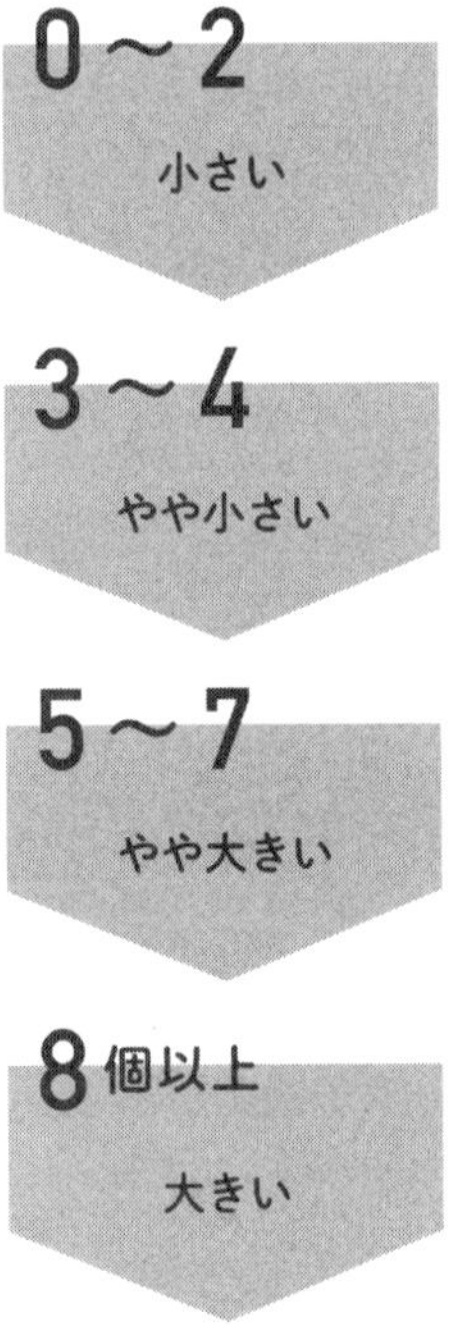


第1章で説明した通り、自己顕示欲は自分のことを認めて欲しいがあまりに周りに対して自己主張をすることです。さらには自己主張するだけでなく何かしらの行動を起こし、その見返りを欲しがることです。

自己顕示欲が強ければ積極的に周りに何かしらの行動をしますので、老害になる可能性はとても高くなります。

自己顕示欲は行動力の強弱、承認の強弱によって表すことができます。

## 自己顕示欲

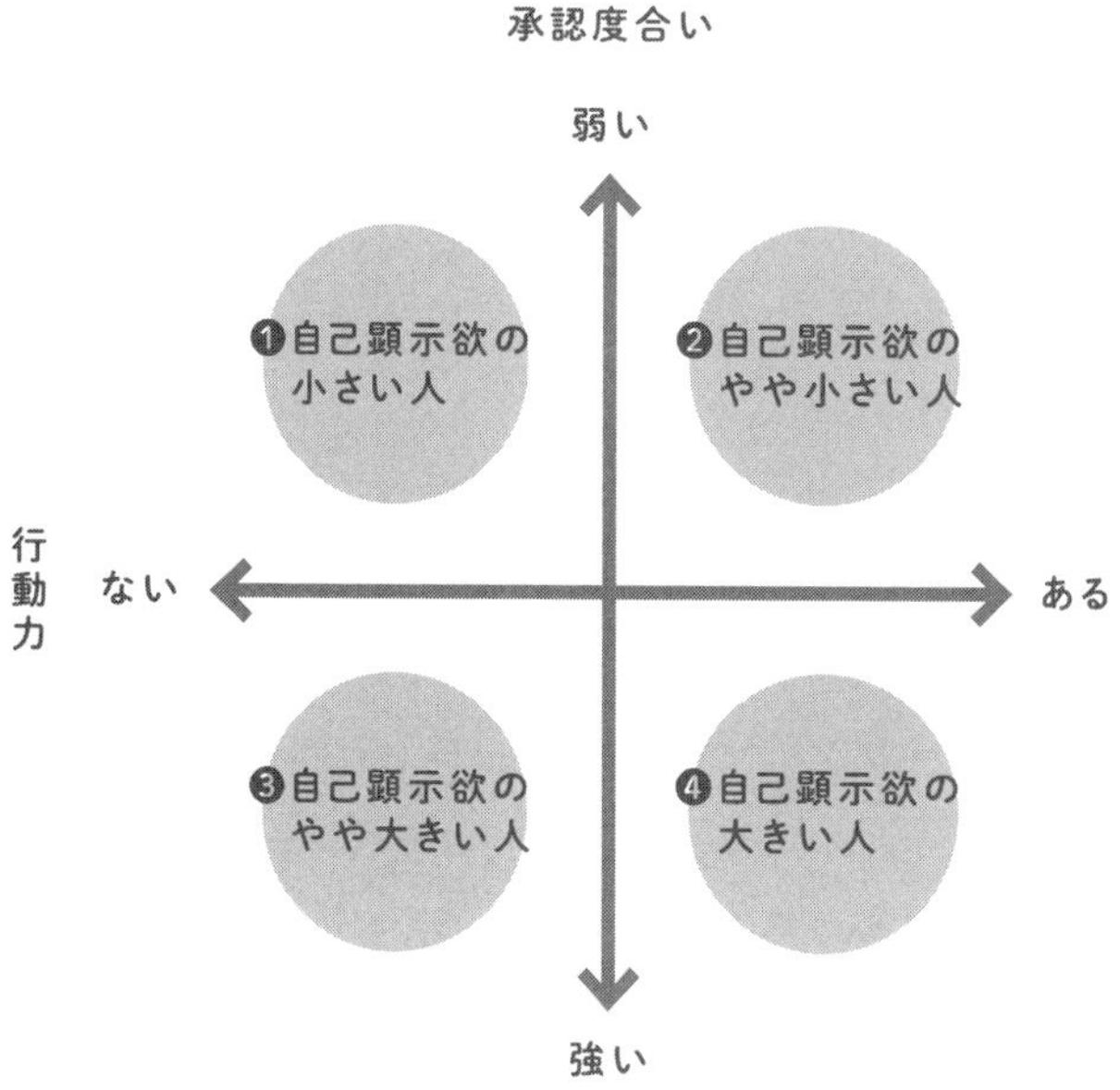

承認度合い
弱い
強い
行動力
ない
ある
❶自己顕示欲の小さい人
❷自己顕示欲のやや小さい人
❸自己顕示欲のやや大きい人
❹自己顕示欲の大きい人

「行動力がある人」は積極的に周りに何か行動を起こします。自分が役に立つと思っている、自分が出ていく責任がある、自分が言った方がいい、自分が助けてあげるといった思いが強く、それを周りに訴えたいと思っているからです。

逆に「行動力がない人」は仮にそう思ったとしても、そこまで強く行動しようとは思いません。結果、求められてもいないのにしゃしゃり出るようなことはしません。

承認度合いの強弱は、「自分が起こした行動に対してどの程度認めて欲しいと思っているか」です。

「承認度合いを強く求める人」は、自分の行動に対して自分が満足するような応対を期待しています。例えば自分が手を貸すといったら、相手はそれを喜んで受けなければいけないし、感謝もしなければいけないといった具合です。相手から不要と言われるなんて、あってはならないことだと考えていますし、ありがた迷惑と思われるなんて、想像もできません。相手に自分の価値観を強く押し付けるとも言えます。

逆に「承認度合いが弱い人」は、自分が一方的に行動しても、相手からの見返りをあまり求めていません。自分が行動することに意味があると思っているからです。相手がどう思うか、どう捉えるかを気にしていないという点で、相手に対する配慮や相手の気持ちを推察することが苦手とも言えます。
自己顕示欲の図には4つのタイプがありました。

❶ 自己顕示欲の小さい人
❷ 自己顕示欲のやや小さい人
❸ 自己顕示欲のやや大きい人
❹ 自己顕示欲の大きい人

## ❶ 自己顕示欲の小さい人

「自己顕示欲の小さい人」は自分から周りに対して行動を起こすこともあまりなければ、起こした行動に対して、何か見返りを求めることもありません。自分が役に立つこと、できることを謙虚に理解しているので、でしゃばることで相手に迷惑をかけることがありません。むしろ自分から何かすることで、相手に迷惑

がかかることを警戒しているくらいです。

相手から求められれば助言することも、手を貸すことも喜んでします。ただし、それは相手からのリクエストがあってからのことです。例えば、会社で顧問になっていたとして、現役世代が何か問題を解決するのに苦労をしていたとします。それを見ながら、自分の経験からはこういうことが言えるが、それが今のこのタイミングで役に立つだろうかと客観的に考えることができます。

自分の時はこうだったのだから、こうすれば解決できるに決まっているといった押し付けや、そんなやり方ではうまくいかないといった否定をすることはありません。

自分の意見がないわけではなく、求められたら必要に応じて自分の意見を明確に伝えることができます。呼ばれてもいないのに、こちらから出ていくようなことはないということです。

### ❷ 自己顕示欲のやや小さい人

「自己顕示欲のやや小さい人」は、行動力はあるものの、その行動に対して相手の反応をそこまで求めていません。自分からいろいろな物事に顔を突っ込みますが、そこで周り

こう言っときゃいいんだよ！


がどう反応するかをあまり気にしていません。

例えるなら、会議中になんだかよくわからないけど自分の意見を一方的に話していき、じゃあ後は任せると言って去っていくような人です。その人の言ったことは採用されなくても、特に問題にはなりません。

このタイプの人は、自分が何か言える場所があるということだけが大事です。自分の意見を言ったことで、かなり自己満足していいます。自分が何か言うことで相手が満足している、役に立っているという自負が少なからずあります。

どこにでもいる世話好き、話し好きな人です。考えや価値観を押し付ける訳ではありません。扱いが面倒な人と思える時もありますが、総じて悪い人ではないという評価を得ています。

## ❸ 自己顕示欲のやや大きい人

「自己顕示欲のやや大きい人」は、行動力はそれほどありませんが、自分が起こしたアクションに対しては強い同意や反響を求めます。

行動力があまり高くないので、直接的に誰かに自分の意見を言ったり、自分の考えを押し付けようとまではしません。そこで都合が良いのがSNSやネットニュースのコメント欄です。SNSで持論を展開したり、ネットニュースのコメント欄に正論を書いて溜飲を下げます。

ネット上では議論が白熱というよりも、ただお互いに罵り合っているだけの人達がいますが、そうした人達はまさに自己顕示欲を満たそうと、相手を攻撃し、自分の方が正しいことを証明するために腐心するのです。

ネットの中の世界と言えど、現実の世界とつながっています。ネットだから、匿名だからといって名誉毀損をしたり、相手を追い詰めるなどしている人達が以前よりも摘発されるようになっています。ネットの中で自己顕示欲を満たそうとしても、仮に満たせたとしても、それは仮初のものでしかありません。一時的な満足にしかならないため、次なる満足を求めてさらにエ

スカレートさせていくでしょう。満たされることのない自己顕示欲を満たそうと、底なし沼にはまっていくかのようです。本人は華麗に泳いでいるつもりかもしれませんが、周りからは必死に手足を動かしながら、もがき溺れ、そして少しずつ沈んでいっているように見えます。

## ❹ 自己顕示欲の大きい人

「自己顕示欲の大きい人」は行動力があり、またその行動に対する反応、自分の思い通りの反応を強く求める人です。言わずもがなですが、このタイプの人は老害になります。

自分がやってきたこと、これまでの成功体験、考え方、価値観等々を人に押し付けます。行動力があるので相手に直接的に言いますし、同意を求め、言いなりになるよう強要します。

結果、事が上手くいかなければ、それは相手が悪いと考えます。自分が正しいことを教えたのに上手く行かないのは相手の努力が足りない、やり方が悪いと思うのです。

これだけ時代の変化が速いと言われているにも関わらず、自分の成功体験に執着し、それがいつまでも通用すると考えています。

なぜそんな風に考えるかと言えば、人の話に耳を傾けることができず、独りよがりに考える癖がついてしまっているからです。

自分の頭で考えることの大切さは言われますし、それは本当に大事です。ただ、周りが見えなくなるような考え方になってしまうのであれば、老害と呼ばれないためにも警戒が必要です。

あなたが自己顕示欲を満たしたいと思った時、誰に何をどの程度求めているのでしょうか。下の表に書き出して整理してみましょう。

| | |
|---|---|
| **何を認めて欲しいと思っていますか？** | 例：営業のやり方 |
| **誰に認めて欲しいですか？** | 例：30代で営業成績の伸び悩むA君 |
| **何をもって認められたことになりますか？** | 例：A君が自分の言った通りに営業に取り組むこと |
| **どうすれば少なくとも満足しますか？** | 例：仮にうまくいかなくてもA君が自分に感謝すること |

# 5章

# キレる高齢者にならないために今からできること

第4章ではどのような人が老害になるのか、また自分にその可能性があるのかどうかを見てきました。本章では、ではこれから私達が歳を重ねる中で、社会から疎まれず、老害と呼ばれるような高齢者にならないために今からできることはあるのか、ということについて、もう少し具体的に考えていきます。

キレる高齢者になるキーワードとして、「執着」「孤独感」「自己顕示欲」の3つを挙げました。これから歳を重ねる中でこれらのキーワードを手放す、あるいは緩めることができるか、上手に付き合えるようになればいいわけです。

実はこれら3つのキーワードの裏に共通して隠れているものがあります。それは「不

安」です。

「執着」の裏に隠れている不安は、「これがなくなったらどうしよう」という不安です。例えば、お金に執着する人は、お金がなくなったら生きていけなくなるのではないだろうかという不安があるので、お金に執着します。

「孤独感」の裏に隠れている不安は、「一人ぼっちになってしまうのではないか」「誰からも見放されてしまうのではないか」という不安です。孤独になることは寂しさを感じることです。寂しい時、それは不安を感じます。例えば暗い山道で一人になったとします。心寂しく、なんだか不安でたまらくなるでしょう。

そして「自己顕示欲」の裏にある不安は、「誰からも必要とされなくなるのではないか」「自分の役割が終わってしまうのではないか」という不安です。誰かの役に立つ、人のためになることを生きがい、あるいはそれが普通のことと考えている人

にとっては、誰からも求められなくなること
に耐えることができません。
本章ではこれら3つのキーワードを手放す、緩める、上手に付き合うためには何をすればいいのか、具体的な方法を紹介していきます。

## ○ 執着を手放す

まずは「執着を手放す」です。執着の強い人は執着している物事に囚われていたり、こだわりが強くあります。執着の強い人は変化をとても嫌います。なぜなら、執着している物事は変わってはいけないからです。また、執着の強い人は環境の変化に弱く、少しの変化を大きなストレスとして受け取ってしまいます。

例えば、特定の銘柄のコーヒーにこだわりのある人がいたとします。そのコーヒーの味が変わったとしても、そのコーヒーにこだわり続けるかと言えば、逆です。味が変わったとして、そのコーヒーへのこだわりをやめます。もしくは味が変わってしまったことへ怒りを感じるでしょう。

過去の成功体験に執着している人は、過去の成功体験が変わらないと信じているからこそ、それにしがみつきます。前に上手くいったことが今は通用しない、時代が変わればやり方が変わることを受け入れたくありません。なぜなら、「自分の成功体験は変わらないもの」と強く信じている、または信じたいと思っているからです。

この世の中に変わらないものはありません。「祇園精舎の鐘の声、諸行無常の響あり」とは『平家物語』の冒頭の言葉ですが、その昔から変わらない物事は何もないことを私達に言い聞かせるようです。

執着を手放すには物事がコロコロと変わることへの耐性を上げることです。つまり物事に変化があっても大丈夫と思える心をつくることです。

「変わらない」とは「安定」を意味します。執着心の強い人は、特定の物事に執着しているようですが、実のところ執着しているのは安定です。いつでも物事が落ち着いていて欲しいと無意識のうちに願っています。

そこで、敢えて安定を壊してみます。安定を壊すとは何とも怖そうですが、特別に何か大層なことをするわけではありません。普段暮らしている生活の中で、少しの変化を意図してつくるのです。

私達は放っておくとワンパターンな生活をしています。朝起

きてから、寝るまで「ルーチン」と呼ばれることをやっています。ルーチンとは安定です。それをしていることで普段と変わらないことを意識しています。自ら安定を壊し、生活に変化をつくることで執着を手放せるようになります。

## その1 一番大事なものを選ぶ

執着を手放すというと、まず思い浮かぶのは何かを捨てることではないでしょうか。そうです、断捨離®です。物を捨てることは執着を手放すことの王道です。執着の裏には不安が隠れていると説明しました。

私は持っている物の数は不安の数だと考えています。例えば、コロナ禍の中、トイレットペーパーが一時期店頭から消えたことがありましたが、トイレットペーパーを買い占めるのは、なくなったら困るという不安があるからです。

旅行に行く時に荷物の多い人がいます。なぜ荷物が多いか

と言えば、万が一を考えるからです。旅行の準備をしている時を思い出して下さい。「万が一」という言葉を使った後に、その物をバッグに詰めているのではないでしょうか。

執着を手放すためには物を捨てた方が良いのですが、今回は逆の発想をしてみましょう。それは、一番大事なものを選ぶことです。

例えば、クローゼットの中には多くの洋服が入っていると思いますが、その中で一番大事なものはどれでしょうか。絶対に捨てられないものを一つだけ選ぶとしたらどれになるかです。あるいは靴箱に入っている靴であればどの靴でしょうか。デスクの引き出しに入っている物の中ではどれになるでしょうか。クローゼットの中のあのダンボールの中に入っている物の中で一つ選ぶとしたらどれになるでしょうか。

このように洋服、靴、雑貨、スポーツ用品、食器、文房具といったカテゴリごとに一つだけ一番捨てられないものを決めていきます。

実は物が多い人は「本当に大事な物を選べていない人」です。一番大事なものがわからないので、多くの物が集まってしまいます。どれか一つを選んだからといって、他の物を捨てる必要はありません。単純に一番捨てられないものを選ぶだけです。

## その2 ランチを誰かに選んでもらう

食事にこだわりのある人、ない人がいます。食事にこだわりのある人は積極的に自分でどういうものを食べるか、いつ食べるか、どういう順番で食べるかといったことにこだわります。

例えば、飲みに行った席で料理を注文する役の人と、出てきたものに文句がある訳でもなく何でも食べる人がいます。この手の人もそういう場では何でも食べるのですが、ランチとなると、誰かが買ってきてくれたり、選んでくれることはあまりなく、自分で選ぶことが多いのではないでしょうか。

一方で食事にこだわりのない人であれば、何を出されても、テーブルの上に料理が並んでいれば喜んで食べます。

実は私もそういうタイプで、飲み屋さんで飲む時は料理を考えて注文するのが面倒なので、誰かにお任せです。そして出てきた料理を適当につまみます。ところが、ランチとなるとコンビニに行ったり、レストランに行って何を食べようかとあれこれ考えます。

定食屋さんであれば、日替わり定食がありますが、食事にこだわりがない割には日替わり定食を選ぶことはあまりありません。日替わりを頼むくらいなら、もっと好きなものを食べようと思います。食事にこだわりがないと言いつつも、嫌いなもの、好みではないものよりも好きなものを食べようとします。好きなものは安定した価値をくれるからです。好みのものを選べばその食事で満足する確率が高くなります。また、そこでわざわざ頭をつかって、好みではないものを選ぶのが煩わしいというのもあります。

そこでランチを誰かに選んでもらうのです。誰かに選んでもらうことで安定が崩れます。もしくは日替わりを選ぶということをします。自分で決めるのではなく、向こうから出されるイレギュラーを受け入れるのです。考えてみれば子供の頃の学校給食は自分の意思とは関係なく献立が決まっていましたし、リクエストはできませんでした。それでも給食の時間が楽しみで仕方がなかった人は多いのではないでしょうか。子供

の頃を思い出し、給食感覚で自分で選ばないランチメニューを楽しんでみましょう。

毎日のイレギュラーを楽しむことは執着を手放す良い練習になります。

## その3 住む場所を変える

執着を手放すのに引っ越しとは、随分とまたハードルの高いことを言うなと思われたかもしれません。

著名コンサルタントの大前研一さんは人間が変わるには3つの方法しかないと言いました（＊1）。それは1．時間配分を変える、2．住む場所を変える、3．付き合う人を変える、です。どれも意識を変えようというよりも、物理的に環境を変えるものばかりです。そして大前さんは「最も無意味なのは決意を新たにすることだ」と続けています。つまり、ちょっと意識を変えたくらいでは人は変わらないということなのでしょう。

今住んでいる土地や家に非常に強い執着を持つ人がいて、それは歳を重ねるごとに強くなる傾向にあり、だから災害のあった土地に再び住もうとして行政と問題になるというのは先に書いた通りです。

普通は引っ越しをするなんてちょっとやそっとではできることではありません。でもそれくらい物理的にも心理的にもハードルの高いことだからこそ、逆に言えば引っ越しをすることで人は変われるのでしょう。

私自身は引っ越しが趣味とも言えるくらいよく引っ越します。引っ越すから荷物が少ないのか、荷物が少ないから気楽に引っ越せるのか、どちらもありますが、いずれにしても物に対する執着もなければ、住む場所への執着もありません。

だから、仮に今いる場所で何か問題があったとしても、そのことで大して困りません。

なぜなら、最終的には引っ越せばいいと思っているからです。

お金がないとそんなに簡単に引っ越せないという人もいると思いますが、引っ越しできるように物を少なくしているので引っ越し代も非常に安く済みます。自分でレンタカーを

借りてできてしまうくらいの量だからです。

今住んでるところに、これからも居続けなければいけない理由は何でしょうか。家のローンが残っているというのであれば、そこを誰かに貸して、もっと郊外の安いところに住むことだってできなくはありません。

動けない理由を探してそこに執着して居続けるよりも、動ける理由を探して身軽に移動できるようになっておくことが、執着を手放す上でとても有効です。

＊1 『時間とムダの科学』（プレジデント社）

## その4 寝る場所を変える

枕が変わると寝られないという人は多いです。私は若い頃はいつでもどこでも寝れる自信があったのですが、歳をとるごとにそれが苦手になりつつあります。出張が多かった頃はホテルに泊まるのが日常的だったので、どんなホテルに泊まっても何ら変わりなく、いつもと同じように寝ることができていました。

ところが、コロナ禍で出張ができなくなり、久しぶりにホテルに泊まった時、いつものように簡単に寝られないことへの違和感にとても驚きました。人はこんなにも簡単に環境の変化についていくことができなくなるのかと。

睡眠環境の変化が人に大きなストレスを与えることはよく知られています。被災地では体育館などが避難所になりますが、そうなると睡眠環境は著しく大きく変わります。そのことで大きなストレスから心身の不調を訴える人が続出します。

東北の震災後にボランティア活動をした時、現地の人から教わったのは、普段から枕が変わったとしても寝られるようになっておいた方が良いという切実な現実でした。普段からどこでも寝られるような人は非常時に強いが、良くも悪くも変化の乏しい生活をしている人は、非常時にとても弱くなってしまうということ

でした。

寝る場所を変えるというのは、ホテルに泊まる、自宅の中でも寝る部屋を変える、部屋が同じでも枕の位置を変えるといったことです。

コロナ禍がどこまで続くのかはわかりませんし、Ｇｏｔｏトラベル施策がどの程度続くのかもわかりませんが、積極的にホテルに泊まることで就寝環境を変えてみましょう。一つのホテルに決めるのではなく、いろいろなホテル、旅館に行くことです。

ホテルが難しい人は、家の中で寝る部屋を変えてみましょう。リビングや他の部屋など、いつもと違う部屋にするだけでも環境は変わります。ベッドを動かせないという人は、枕の位置だけでも変えてみましょう。

睡眠の乱れは健康問題にもなってしまいますので、健康を崩すまでのことをしないように気をつける必要はあります。寝る場所を変えることの目的は、あくまでも「変化に慣れること」です。なかでもとりわけストレスになりやすい睡眠環境を変化させることは、安定を壊されても平気なメンタルをつくることになり、執着を手放す練習になります。

## その5　決め事を全部やめる

誰にでも1つや2つ、何か決め事があるのではないでしょうか。例えば、洋服はどこのブランド、買い物はどこでする、醤油は○○、スマホはiPhoneといった買い物や商品に関する決め事。あるいは靴は必ず右から履く、電車の車両は一番後ろに乗る、本は必ず紙で読むといった生活習慣的な決め事。または大切な商談の時はこのシャツを着る、受験の前にはカツを食べるといったジンクス的な決め事等々、自分で強く意識して決めているものもあれば、何となくそうしている程度のものもあるでしょう。

毎日決まったことをすることをルーチンと言ったりもします。特に意識していなくてもルーチン的にしていることはすぐに思いつくと思います。なぜなら、私達の行動パターンはワンパターンだからです。

私達はそんなにイレギュラーに生きていることはなく、朝から夜までを振り返ってみれば、似たようなことをしている毎日に気づくでしょう。私達の行動がワンパターンになるのは、あらゆることをいちいち考えるのが面倒だからです。そして一度そのワンパターンにはまると、つまりは習慣になると、それを抜け出すことが難しくなります。

そのことを知っている企業は消費者に自分達が販売している商品やサービスを習慣化させようと腐心するのです。そのためCMを見れば「飲む前に飲む」「朝の新習慣」「血圧が気になり始めたらこれ」といったような宣伝が多くあり、私達に決め事をさせようと誘惑をします。

言うまでもなく「習慣は執着」です。その習慣をやらなければ何となく気持ちが悪いし、今すぐに止めることはできません。ここで言う習慣には良いものもあれば悪いものもあります。良い習慣で言えば健康的な生活を意識するといったものがあり、悪い習慣で言えば深酒がやめられないといったものがあります。

決め事を全部やめるというのは、良い決め事も悪い決め事も全部止めることを意識してみることです。別にそれをしなければいけない理由はありません。理由があるとすれば、それは自分が決めているだけです。

あなたにはどのような決め事があるでしょうか。意識しているもの、していないものとありますが、まずはリストアップしてみて下さい。日常の中で私達がいかに多くの決め事をしているかに驚くでしょう。

# ○孤独感を手放す

孤独感には「一人ぼっちになってしまうのではないかという不安が隠れている」と書きました。ではなぜ一人ぼっちになってしまうことが困るのでしょうか。今の世の中であれば、一人ぼっちだとしても生きていくことはできます。

孤独感の強い人は常に誰かから受け入れて欲しい、認めて欲しいと人に関わろうとします。それが必要なことであれば問題ないのですが、不要なことにまで首をつっこんでしまうので往々にしてトラブルになります。

私達は誰かから認められること、受け入れてもらうことで孤独感を埋められると考えています。ところが実際はそうはなりません。誰かから認めてもらいたいと思い、それを求めることは、例えるなら穴の開いたコップに水をずっと注がれるようなものです。どんなにすごいですねと言われても、どんなに認められても、肝心の受け取る側の底が抜けていればいつまでもコップに水はたまりません。

最終的には自分で自分を受け入れ、認めなければ満足することはありません。それが孤独感を手放す一番確実な方法です。自分で自分のことを認めることができれば、誰かに認めてもらう必要もなければ、評価してもらう必要もないからです。

今の自分を認めるには、一般的には自己肯定感を高めましょうといったことが言われます。しかし肯定できそうにないところを無理やり肯定しようとしても、心の中では自分なんて価値がないと思ってしまっているので、上辺だけの自己肯定になり、それはほとんど意味がありません。

それよりは良い自分も悪い自分も、できる自分もできない自分も全部含めて自分だと受け入れることです。これは「自己受容感」とも呼ばれます。仮に誰からも認められなくてもいい、少なくとも自分は自分のことを認めることができている。自分はダメなところもいっぱいあるし完璧ではないけど、今ここにいる自分を受け入れられるかです。

自己肯定を誰かに求めようとすると、誰彼構わずに自分のことを肯定しろと押し付けをすることになりま

す。そこにはマイナスなこと、ダメなところも含まれますが、それを全部ひっくるめて肯定を求めることは無理があるのです。

人から認められて自分があるのではなく、自分を自分で認められるからこそ、他者との健全な関係がつくれるのです。

## その1 SNSから距離を置く

SNSは自己承認欲求のメディアとも言われています。多くの人が自分を見て、自分を認めて欲しいと発言をしています。SNS疲れという言葉が流行してもうしばらく経ちました。SNSを見ていれば、いろいろな人から多くの承認を求められることになるので、それを受け取っていれば疲れます。

SNSというインターネット上の空間なので人間関係の距離感がおかしくなっているところがあるのですが、日常の人間関係において毎日何度も認めて欲しいと言われたら、言われた側があれもこれも認めなければいけないのかと辟易するでしょう。

子供から、部下から、また友人から毎日、何度も「認めて！」と求められたら、「もうわかったから言わなくていいよ」と言いたくなります。それがＳＮＳでは日常的に繰り返されているわけです。

翻って自分はＳＮＳとどのような距離感を持っているでしょうか。ＳＮＳを一切使っていない人は少ないでしょう。積極的に使っているかどうかは別にして、何かしらのＳＮＳのツールは使っている人が多いと思います。

問題はＳＮＳとの距離感です。ＳＮＳ疲れをするくらい身近に使っているようであれば、何のためにＳＮＳを利用しているのかを考え、ここで一度距離を置きましょう。

多くの研究調査が示しているのは、ＳＮＳを使っても人の幸福度が上がらないことです。幸福度が上がらないどころか、下がると報告する研究も多数あります。例えば、ピッツバーグ大学医学部の研究チームの調査ではＳＮＳの利用頻度が高ければ高いほど鬱病になりやすいことを報告しています（＊1）。

人との繫がりを求めてＳＮＳを利用しているつもりが、人の

充実している人生の投稿を見るうちに羨ましいという気持ち、自分以外は皆上手くいっているという歪んだ認識を持ちます。結果、自分は皆とは違う、孤立していると孤独感を強めてしまうのです。

ＳＮＳに孤独感の埋め合わせを求めることは逆効果になることがあります。周りに人がいさえすれば孤独感が紛れるというのは大きな誤解です。ＳＮＳと距離を置く理由は、物理的にＳＮＳを使う時間を制限すること以上に、人がいれば孤独感を埋められるはずという思い込みをとることにあります。自分の孤独感を埋めることができるのは他の誰でもない自分です。

＊1 https://forbesjapan.com/articles/detail/12235

## その2 肩書を名乗らず自己紹介する

自己紹介をする時、働いている人であれば○○会社××部部長、あるいは元○○会社部長、△△顧問といったように肩書を使います。仕事上での付き合いの時には今の肩書を使って自己紹介することは自然なことのように思えます。

ただ、そうではない場合でも同じ肩書で自己紹介をする人もいます。例えば、町内会の集まりで自己紹介する時に会社の肩書を名乗るケースです。

肩書はいわば社会的な記号です。その肩書があることで、自己紹介せずに自分がどういう人間であるかを示すことができます。その肩書が権威、有名といったものを併せ持つようなものであれば、肩書を使うことで、自分が社会的に地位のある、認められているといったことを暗示することができます。しかし肩書はあなたではありません。あなたは一体誰でしょうか。

アメリカの著名作家であるジム・ローンは「あなたはあなたの周りにいる5人の平均である」という5人の法則を言いました。似た者同士が集まるとはよく言いますが、確かに自分の周りを見渡してみると、考え方、価値観、趣味、好きなこと、年収、職業、立場、家族構成等々、自分と同じような人ばかりがいることに気づきます。

このことから考えられるのは、自分の周りにいる5人を説明すれば、おおまかな自分像を浮かび上がらせられるということです。つまり自己紹介ができるのです。まずはあなたがよく一緒にいる5人を思い浮かべてみて下さい。

そして次に自己紹介をすることがあれば、肩書を使って自分のことを紹介するのではなく、その5人がどういう人なのかを伝えてみましょう。「私は○○と申します。私は普段こういう人たちと一緒にいます」といった具合です。

ポイントは、その人達を説明する時にどのように説明しているかです。その人の肩書を紹介するのか、考え方を紹介するのか、あるいは行動、趣味、人柄等々。紹介することは無意識のうちに自分が影響を受けているものです。それがわかると、自分が相手の何に影響を受けて、また惹かれて一緒にいるのかがわかります。自分が人間関係に本当に求めていることがわかるのです。求めていることがわかることで孤独感は小さくなります。なぜなら孤独感の裏に隠れている不安の正体は「わからなさ」なのですから。

## その3 あえて流行遅れになる

情報感度の高い人、つまり世の中の流行に敏感な人は、意識していなくても今皆が欲しいものの情報をキャッチします。流行に敏感な人は流行に乗り遅れることを怖がります。流行りに乗り遅れることで仲間外れになるのではないかと不安を感じ、実際乗り遅れれば疎外感と孤独感を感じます。

２０２１年1月下旬、音声ＳＮＳのClubhouseが一部の層を中心に爆発的に盛り上がりました。当初は一人の人が招待できるのが2名までという制限がかかっていたこともあり、簡単にはClubhouseに入ることができず、Clubhouseの招待状が欲しいと渇望する人が溢れました。Facebook、TwitterなどのＳＮＳにはClubhouseの招待状を求める投稿が溢れ、挙句の果てにはメルカリなどのフリマアプリでClubhouseの招待状が売りに出されていました。

マーケティング理論には、新しい商品やサービス等が世の中にどう普及していくかを表したイノベーター理論があります。同理論によると、まずは2.5％の新しい物好きな人が飛びつき、13・5％のインフルエンサーが後に続き、34％の流行に敏感な人が取り入れ、その後に新しい物に懐疑的な34％が続きます。そして新しい物に興味のない人が16％いるという理論です。

良くも悪くも流行に敏感な人は流行の真只中に自分がいることで、他の人から認められる存在になる、価値ある存在であると思っています。流行についていける自分だからこそ肯定できると思っているところが、少なからずあります。そのため流行に乗れなければ疎外感や孤独感を感じてしまうのです。

この時代、何でも流行り廃りがものすごく速いです。それにずっとついていこうとすれば、心をすり減らします。いっそのこと、流行や流行り物から取り残されても良いと思ってみましょう。

世の中に疎くなれば、そこで疎外感や孤独感を感じることはなくなります。浮世離れして暮らそうということではないのですが、情報過多な今、情報を追わないことで実は孤独感を小さくすることができるのです。

## その4 20歳下と付き合う

私達はどうしても似たような人ばかりと付き合いがちです。先程のジム・ローンの法則もそうですし、大前研一さんも人が変わりたければ付き合う人を変えろと言っています。世の中これだけ多様性が叫ばれていますが、実際のところ自分が多様な人間と付き合っているかと言えばそうでもありません。

なぜかと言えば、自分と違う人達と付き合うのは疲れるからです。違う人と一緒にいれば、「えっ、なんでそんなことするの？」「意味がわからない」「理解できない」と自分が大切にしている「べき」が裏切られる確率が高くなります。

「べき」が裏切られれば、怒りの火花が散ります。つまり、自分と違う人と一緒にいることは、アンガーマネジメントができなければ、自分が怒りの火種を持つ機会が増えることを意味します。

多様性ある集団の中にいると孤独を感じにくいのですが、同質的な集団の中にいると孤独を感じやすくなります。一見逆のようにも見えますが、同質的な集団にいるとその集団から外れることが怖くなります。なぜなら、他に自分の居場所を見つけることができなくなるからです。

　すると自分が今いる集団の方が正しい、ここにいることが全てと思うようになり、結果的に他の集団に対して排他的になります。自分から他の集団を外していくので孤立し、孤独感が強まります。孤独感が強まるので、よりその集団として結束して、集団内で偏った考え方が強化されていきます。先のアメリカ大統領選挙では、まさにこうした姿が見てとれました。

　付き合う人を多様性あるものにする方法は、実は簡単で、「20歳下の人達と付き合うこと」です。40歳を超えてくると、上下10歳くらいの違いでは何を話していても世代ギャップを感じることはもうありませんが、これが20歳下ともなると世代の違いを実感できます。

　私も意図的に20歳くらい下の世代と、仕事も遊びも一緒にするようにしていますが、自分の考えの偏りに驚くことがよくあります。自分とは違う世代の価値観を素直に受け入れられる心

があれば、周りから孤立し、孤独感に苦しむようなことはないだろうなとよく感じています。

## その5 1時間何もしない

今、生活の中で1時間何もしない時間はありますか？　何もしないとは、文字通り「何もしない」です。大げさに言えば、生きているだけの状態です。スマホなど何も手に持たず、テレビや新聞も見ず、音楽やラジオを聞かず、飲んでも、食べてもいない。スポーツもしていなければ、散歩もしていません。ただそこにいて何もしないでいる1時間です。よく旅先などで何もしないことが贅沢とは言いますが、それにしてもそこで本を読んだり、お茶をしていたりはします。

おそらくほとんどの人はこうした1時間を持っていないでしょう。今の世の中、何もしないで1時間を過ごすには、身の回りにできることが多すぎるのです。最後に何もしない1時間を過ごしたのはいつでしょうか。

孤独感をごまかすために、あるいは不安などのマイナスな感情をごまかすためにあえて忙しくしている人が少なからずいます。忙しくすることで、そうした感情と向き合う時間をなくすことができるからです。これは健全なことではありません。

普段忙しくしている私達が急に1時間の時間を与えられ、何もしてはいけないとなったら、手持ち無沙汰と同時に、大きな孤独感を感じることになるでしょう。なぜ孤独感を感じるかと言えば、何かしている間はそのことに意識が向いていますが、何もしないということは意識を向ける先がなく、いわば意識の中に空白ができるからです。ポツンと取り残されたような気持ちになります。

普段、私達は色、形、動き、音、温度等々、実に多くの情報、刺激を受け取りながら生きています。刺激を受け取り、それに反応することに慣れきってしまっているので、刺激のない時間を持つことが苦痛です。ある意味刺激によって感覚を麻痺させています。

第1章でも書いたように、私達は加齢により外界から刺激を受け取る目、耳、触覚といったセンサーの感度が鈍り、脳機能の低下により処理も緩慢になります。

すると多くの刺激を受け取れなくなるし、反応もできない、つまり何もしない、できない時間が増えるのです。今から少しずつ何もしない時間があることに慣れておくことは、これからやってくる膨大な「持て余す時間」に向き合う準備になります。

いきなり1時間何もしない時間をつくることはハードルが高いので、5分くらいから始めてみましょう。最初のうちはその5分の間でも手持ち無沙汰に感じるでしょう。

# ○自己顕示欲を手放す

自己顕示欲を手放すためには、自分が人の役に立てない、立たなくても平気であることを受け入れる気持ちが必要です。

人の役に立つことや人から喜ばれることで感じる、人から認められることで持つものを「自己有用感」と言います。自己肯定感との違いは、そこに第三者が入るか否かです。

自己肯定感は本人さえいれば持てるものですが、自己有用感は誰かがいて初めて持てるものです。つまり、他の人の評価なしには持てない感情です。

私達は子供の頃から、人の役に立つことが何よりも大切だと教わります。「自分だけが良い」ではダメで、必ず誰かのためになるようにと教育されます。「自己有用感」が、大切な自分を評価するための手段になっているのです。誰かの役に立たなければ意味がない、価値がないと思うように、小さな頃から教わっているので、多くの人は自分本位で生きることは良いことだと考えていません。日本の滅私奉公的な発想はこの自己有用感の副作用とも言えます。

あまりにも強く自己有用感を求める人は、相手の迷惑よりも、自分が何かをして上げることの方が大切だと考えます。相手からすればおせっかい、ありがた迷惑なことでも、こちらが手を貸してあげる、人に何かをしてあげているということに価値があるからです。

歳を重ねると肉体的な衰えが始まるので、今までできたことが当たり前にはできなくなります。記憶力が低下し、老眼になり手に入れられる情報量が減ります。体力はなくなるので前のようには活動もできなくなり、手先が思うように動かなくもなります。自分では何も変わっていないし、気力も充実していると思っているものの、身体的な能力の低下はそれを補えなくなります。

こうしたことは自我の崩壊を意味しています。今までの自分とは違う自分になっていくことを受け止められれば、その時なりの自分でいることができますが、以前と同じ自分でいたいと思っていると、崩れ行く自分を認めることができません。

役に立たなくなることへの不安から、自己顕示欲がより強くなり、自分をアピールします。歳を重ねてからの自己顕示欲の強さは、老化への必死の抵抗の現れとも言えるのです。

## その1 クワイエットデイをつくる

自己顕示欲の強い人は自分の意見、存在をアピールしたい人です。求められてもいないのにアドバイスをしたり、必要のないところで意見を言ったりと、しなくていいことをして顰蹙をかいます。言ってしまえば、黙っていることができません。

そこでクワイエットデイをつくります。クワイエット（quiet）は「静かな、静粛な」の意味で、デイ（day）は「日」です。直訳すれば静かな日ですが、ここでは沈黙の一日と訳しましょう。

沈黙の一日とは24時間しゃべらない日のことです。文字通り「言葉を発してはいけない日」です。会話することも禁止

なので、電話も禁止です。さらに自分の意見を言うことも禁止です。例えば、しゃべれないからと言って、ＳＮＳやネットに何か書き込んだりするのもＮＧです。

一日黙っているのは多くの人にとって苦痛なことです。コロナ禍の中、人とコミュニケーションをとる機会がめっきり減り、どうかすると一日家にいて、気づけば誰とも話さなかったなんていう日があったという方は多いのではないでしょうか。

これが自己顕示欲の強い人であれば尚更です。誰とも話さないことで、自分の存在を誇示することができず、自分が世の中から仲間はずれにされたような気持ちになり気が滅入ります。

しかし、口をきかないことで自分自身と会話する時間を長くすることができます。普段、自分が何を考えているのかじっくりと向き合うには、ちょうど良い時間です。

余談ですが、アメリカで電車と言えば全米鉄道旅客公社、通称アムトラックです。アムトラックにはクワイエットカーと呼ばれる車両があります。その車両に乗っている間、会話はもちろんのこと、電話もできませんし、音を出すことも禁止されています。パソコンのキーボードを大きな音を立てて打っていれば注意をされます。

日本の電車では「お互いに気持ち良く乗るためにマナーを守りましょう」という感じで

すが、これはマナーではなく禁止事項、つまりルールになっています。

24時間、クワイエットデイが難しければ、はじめのうちは移動の間だけ、車に乗っている間だけといった具合に時間を区切ってもよいでしょう。

自分から何も発しない時間を意図的につくることで、自己顕示欲を大人しくさせることに慣れていきます。

## その2 役に立たないことをする

自己顕示欲の強い人は人の役に立ちたい、立てると思っている人です。これまでにも述べたように、私達は子供の頃から人の役に立つことが良いことと教えられてきました。人の役に立てれば、相手が喜んでくれるのは勿論のこと、自分も気持ち良くなるので一石二鳥です。

私達は気づけば、人の役に立とうとするあまり、役に立たないことを極力避けるようになっています。役に立ちそうもないことをしていると、「それをして何の役に立つのか?」とつい疑問を持ち、時には口にもします。役に立つことは美徳であると体に染み付いているからです。

世の中には役に立たなくても、価値があるものがあります。むしろ役に立たないからこそ、とてつもない価値を持つものもあります。例えばアートです。誤解を恐れずに言えば、アートは直接的に何かの役に立つことはありません。

アートを身近においておくことで生活に潤いが出るとか、絵画を見ることで心が洗われるといったことがありますが、ボランティアで人助けをするといったことや、スマホのように生活に役立つというのとは、「役立つ」という意味において違います。

別にここではアートをやろうとお勧めをしている訳ではありません。ただ、誰の役にも立たないこと、そんなことをしていて何の役に立つの? と人から聞かれるようなことに取り組んでみるのです。

ここでゴルフ、登山、料理といった趣味は誰の役に立つわけでもなく、自分が単純に好きだからやっていると言う声も聞こえてきます。趣味で自分だけが楽しんでいるのであればいいのですが、初心者に教えてあげたい、実際に教えているという人も中にはいるのではないでしょうか。有名なのはゴルフ場にいる教え魔です。自分の練習そっちのけで教えることに夢中になっている人がいます。

本来、自分が楽しむためだけにやっていたはずなのに、いつの間にか自己顕示欲を満たすために誰かの役に立つことが趣味を続ける目的に変わっています。もちろん、そういう趣味の楽しみ方があっても良いのですが、ここでは敢えて誰の役にも立たない、人から「何のためにやっているのか？」と疑問を持たれるようなことに取り組んでみることを、自己顕示欲を暴走させないためにお薦めします。

## その3 世間の評価のためにはしない

人の役に立つのではなく、自分のために純粋に楽しむことをお薦めしましたが、人の役に立とうとする誘惑以外にも、趣味の世界には自己顕示欲を満たすための誘惑があります。

その典型的なものが「賞」です。写真、絵画、陶芸、俳句、小説といった応募することで○○賞が狙えるようなものがあります。まさに「賞」は自己顕示欲を満たすにはぴったりの場です。○○賞を取ることで多いに自己顕示欲が満たされるからです。

また、骨董品、コレクターズアイテムなどは純粋にその姿を見て楽しむばかりではなく、それに実際のところいくらの価値があるのかがとても気になります。掘り出し物を見つけた時の喜びは代えがたいものがあるとも言われます。

テレビでは自分のお宝を鑑定してもらう番組が長寿番組として人気を博していることからも、骨董品やコレクターズアイテムを一人で純粋に眺めて楽しむよりも、自分が持っているものの価値について自慢すること、認められることに大きな需要があることがわかります。

目利きは自分の能力を誇示することになります。目利きとは自分の能力の高さであり、その能力への評価によって自己顕示欲を満たすことができます。

今ある趣味は誰かに評価されたくて続けているものなのか、自分だけでも楽しめればそれで十分なのか、どちらでしょうか。

ＳＮＳへの投稿も同じことが言えます。自分が純粋に楽しむだけではなく、その楽しんでいる姿を見てもらいたいとＳＮＳに投稿します。ＳＮＳは承認欲求のメディアとも揶揄されますが、多くの投稿は自分を見てほしい！　と評価を求めて投稿しているのであって、自分の備忘録のために投稿している人は少数派です。

もし誰かの評価がなければ楽しめないようなものであれば、それは誰かのためにやっているといっても過言ではありません。その誰かがいなければその趣味に意味がなくなってしまうのですから。

世間から評価をされなくても自分が没頭できるものは何でしょうか。純粋な興味から始めたものが、いつの間にか自己顕示欲を満たすことがその趣味を続ける目的になっていないか考えてみましょう。

## その4
## 話が面白い人よりも話が聞ける人

「人に話をしたい人」と「人の話を聞きたい人」とでは、世の中どちらの方が人数が多いでしょうか。言い換えるならば、話をする側が供給、話を聞く側は需要です。この需給バランスを考えた場合、世の中は圧倒的に供給過多です。

つまり話をしたい人の方が圧倒的に多く、話を聞きたい人は圧倒的に少数派なのです。そしてこのことに気づいていない人が多すぎます。

これは話の面白い人がモテると勘違いをしている人が多いことからわかります。いかに

雑談をするか、しゃべり上手になるかといった本が何冊も出版されているにも関わらず、聞き上手になるための本は思いの外少ないです。あるとしてもカウンセラーやコーチなど、人の話を聞くことを生業にする人向けの本だったりします。

確かに話の面白い人は人気があります。でも実は、話が面白い人は世の中ではとても限られています。芸人さんの世界を見ていても、その流行り廃りのなんと早いことでしょうか。ずっと面白いままで活躍する人はごくごく少数派です。プロとして芸人として面白くあろうとしている人ですら、あっという間に飽きられていきます。

カウンセラー、コーチがクライアントから恋愛感情を持たれることはよくあります。だからこそ、そこの線引きをしておかないと、大きなリスクになることがあるので、気をつけましょうというのが常識です。なぜ、カウンセラー、コーチが恋愛感情を持たれるかと言えば、それは話を聞いてくれるからです。人は話を聞いてもらえることで、「自分が受け入れられた」と思うからです。カウンセラー、コーチ側はクライアントが話しやすくなるよう受け入れることをしているのですから、そう思われることは成功ではあるのですが、恋愛対象に誤解されないように十分に注意し配慮します。しかし、クライアント側からすればそこを誤解してしまうことがあるのです。

多くの人は少なからず、何かしらの不満、聞いてほしいことをもっています。話を聞いてもらって嫌な気持ちになる人はいませんが、聞きたくない話を聞かされて嫌な気持ちになることはよくあります。

人気者になるために聞き役にまわりましょうということではないのですが、話が面白い人よりも、話が聞ける人の方が、ずっと需要があるのを知っておくことは、自己顕示欲を手放す上でのヒントになるでしょう。

## その5 説教話、昔話、自慢話をしない

説教話、昔話、自慢話を「歳をとってやっちゃいけない3つの話」として語ったのはタレントの高田純次さんです。私は番組で何度かご一緒させていただいたことがありますが、本当に紳士で気さくで軽やかな印象の方でした。高田さんを拝見する度に、こんな雰囲気を持って歳を重ねることができたら、さぞ

素敵だろうなと感じました。

３つの話はどれもついしてしまいがちなものばかりです。説教話であれば、これは自己顕示欲の現れです。自分が持っている知識、経験が役に立つ、自分の方が正しいという思いから説教をします。本当にそれらの知識、経験が後進にとって役に立つものであればよいのですが、得てして独りよがりなものになっています。また説教という言葉には多分に上から目線というニュアンスが入っていて、聞かされる人にとっては迷惑でしかありません。今のように変化が速い時代、年長者の知識、経験は役に立たないどころか、かえって邪魔になることが往々にしてあるくらいの意識でいて丁度良いのではないでしょうか。

昔話の裏に隠れているのは執着です。昔は良かった、昔はこんなではなかったと自分が良かった時のことを話します。昔話を聞かされる側は、そんなに昔が良かったと言われても今は昔ではないし困ります。あるいはなんて時代錯誤な考え方をしているのだろうと呆れます。目の前のことを見れずに昔に執着する可哀想な年長者ではなく、今を楽しむ、加齢を楽しんでいる年長者と見られた方が、自分もそうなってみたいと周りに人は集まるでしょう。

自慢話の裏にあるのは「認めて欲しい」からくる孤独感です。自慢話をする人は周りから認められているという実感が希薄です。だから自分から進んで認められるようなことを言います。ただ、往々にしてそれは聞く側からすれば鼻につくものになりますし、また感心するようなものにはなりません。それがより孤独感を強めることになってしまいます。

さて、説教話、昔話、自慢話をしないとしたら、他に何を話せばよいのでしょうか。先にも書いたとおり、何を話せばいいのか考えるのではなく、どう聞けばいいのか考えることです。

自己顕示欲の裏に隠れているのは自己有用感ですが、人の役に立ちたいと思うのであれば、自分の話をするのではなく、人の話を聞く側になった方が自己有用感を高めることができるのです。結果、迷惑になるような自己顕示欲を手放すことができます。

# おわりに

アンガーマネジメントの専門家として高齢者の怒りを考察しつつ、アラフィフになった私達の世代がこれからどのように歳を重ねていけばよいのか、自分の状況を踏まえながら、同世代に向けて何かしらのヒントになればと思って筆を進めてきました。

私が一番強く思っていることは、社会の一線から退く準備をしている私達の世代が、これからの社会を担っていく若い人達の邪魔をしてはいけないなということです。

上の世代が下の世代の邪魔をすることが老害や既得権益です。この原稿を書いている途中、オリンピック委員会のトップが時代錯誤も甚だしい失言をしました。そのことによってどれだけ若い世代の人たちが迷惑するかです。

既得権益、老害が跋扈する社会においては若い世代は希望を見出すのは至難の業です。

なぜなら、若い世代に利益を回すことを拒否しているからです。極端な話、そういう社会で希望を見出すために若い世代が目指すことは自分も既得権益側になることです。そういう思いが循環している社会では既得権益がより強固なものになり、イノベーションや変革が起こりにくくなり、社会は停滞します。今の日本の状況はまさにその繰り返しの結果になっているのではないでしょうか。

社会として老害も既得権益も機能しないようになればいいのですが、残念ながらそちらの側の執着、孤独感、自己顕示欲が相当に強いので仕組み自体がなかなか変わりません。

これからの社会を考える時、若い世代が未来に希望を持てるようでなければまずいことになります。若い世代が未来に希望を持てるようになるための一つが、年長者が心豊かに暮らしている社会があることです。

歳を重ねることで自分達も年長者のように自由で、楽しく、人生を謳歌できるようになると思えれば、未来に向けて活力が高まります。私達年長者は若い世代にとって未来の形なのです。

だからといって、年長者が若い世代のお手本になるように生きなければいけないとは思いません。ただ、今の年長者の姿がどう見られるかが、これからの若い人達の人生に大きく影響することは確かです。

これから現役を退いていくことになる私達世代が、自分達の先は見えたからもういいやと思うのではなく、これからの社会の希望ある未来像であるという矜持を持ちつつ歳を重ねていくことができればと思います。

2021年春

**安藤俊介**　Shunsuke Ando

一般社団法人日本アンガーマネジメント協会代表理事。アンガーマネジメントコンサルタント。怒りの感情と上手に付き合うための心理トレーニング「アンガーマネジメント」の日本の第一人者。アンガーマネジメントの理論、技術をアメリカから導入し、教育現場から企業まで幅広く講演、企業研修、セミナー、コーチングなどを行っている。ナショナルアンガーマネジメント協会では15名しか選ばれていない最高ランクのトレーニングプロフェッショナルにアジア人としてただ一人選ばれている。主な著書に『アンガーマネジメント入門』（朝日新聞出版）、『私は正しい　その正義感が怒りにつながる』（産業編集センター）等がある。著作はアメリカ、中国、台湾、韓国、タイ、ベトナムでも翻訳され累計65万部を超える。

**怒《いか》れる老人　あなたにもある老害因子**

2021年6月15日　第一刷発行

著者　安藤俊介
イラスト　つだかおり
ブックデザイン　三上祥子（Vaa）
編集　福永恵子（産業編集センター）

発行　株式会社産業編集センター
〒112-0011　東京都文京区千石4-39-17
Tel　03-5395-6133
Fax 03-5395-5320

印刷・製本　株式会社シナノパブリッシングプレス


ISBN978-4-86311-303-9 C0030